Malley-sur-Mer
et autres chroniques

Anne Rivier

Malley-sur-Mer
et autres chroniques

*Avant-propos
de Catherine Dubuis*

Editions de l'Aire / Domaine Public

© Editions de l'Aire, Vevey, 2004

Avant-propos

Il y a longtemps qu'on lit *Domaine Public* ; c'est un journal bien : pas de publicité (génial !), pas de couleurs (le monde est parfois plus beau en noir et blanc). D'accord. Mais aussi, ce qu'il peut être ... austère ! Rien que des sujets sérieux, des paquets compacts qui remplissent les pages à ras bord, comme ces dessins des artistes de l'Art Brut, qui ne laissent rien perdre des marges. Bref, des pages aussi pleines que la tête de Montaigne. On parcourt, on tourne les feuillets, on soupire, on pose, on reprend, talonnée par le besoin de bien lire, de s'informer vraiment (parce que la presse quotidienne romande, bof !), de ne pas mourir idiote... Puis un jour, un beau jour, à la der, sur quoi est-ce qu'on tombe ? « Chronique d'Anne Rivier ». Qui c'est, celle-là ? Pour avoir collaboré autrefois au journal, seule de son sexe, on se sent un peu jalouse. On commence à lire, l'œil froncé, la moue d'avance dédaigneuse, prête à dégainer la critique bien affûtée, l'analyse assassine.

Et on découvre... un ovni dans le ciel de l'information pure et dure. Une main qui se pose sur votre épaule, se glisse sous votre bras, un regard, aigu et tendre, une voix, une voix surtout, que l'on n'oublie pas. On entre alors dans le pays d'Anne comme dans celui des merveilles, un pays où l'on rit des travers contemporains, où l'on enrage de la misère, où l'on pleure les désastres du monde. Un pays où l'on approche des gens, famille, amis, femmes et hommes nos voisins, nos frères, si souvent ennemis, réconciliés ici grâce au talent d'une conteuse à la verve bondissante. Avec Anne Rivier, on peut rêver que le ridicule tue, on peut s'indigner sans frein des impostures, s'attendrir sur l'autre, sur ceux qui partagent notre vie ; ces *Chroniques* réveillent en nous notre potentiel d'indignation et de tendresse, l'indignation, cette vertu qui nous empêche de vieillir trop vite, la tendresse, ce cadeau des anges.

En lisant ces *Chroniques*, on ressent constamment le plaisir de la découverte, de l'autre et du même. L'identification fonctionne parfaitement : « C'est ça, c'est tout à fait ça ! » Plaisir aussi du partage de cette reconnaissance : « Il faut absolument que je fasse lire ça à Jules, ou Jim, ou l'ami Pierre, ou ma sœur Hélène ! » Mais encore découverte de l'autre, plaisir plus grave, plus respectueux et circonspect. L'évocation de l'altérité en impose, elle induit une réflexion sur la différence, elle met en mouvement notre capacité de compréhension, de compassion, peut-être de rejet. Grâce à l'humour cependant, rien ici qui ressemble à de la morale, tout demeure délectable dans cette mosaïque de récits où l'on est libre de mordre selon son goût ou ses envies.

En vraie poète, Anne Rivier transforme notre quotidien. Le pont du Galicien, sous lequel, dans nos moments de déprime, nous nous donnions rendez-vous pour un week-end d'horreur, enjambe soudain un bras de mer, Malley, ce triste quartier gris, se métamorphose, on y va en thalasso, ma chère ! Un groupe d'amis en vacances, tribu turbulente de farouches individualistes, parvient miraculeusement à fonctionner, toutes les tâches étant assumées à tour de rôle, harmonieusement, comme en des temps d'avant le déluge. Un EMS, comme touché par une baguette magique, abrite une tante à l'œil clair malgré ses nonante ans. Mais attention ! Pas d'angélisme ! Le regard est pointu, voire impitoyable, et la vieillesse atroce est là, bien réelle, notre avenir à tous. Sur ce thème douloureux, en donnant la parole aux aînés, la tante nonagénaire, la mère octogénaire, en renversant somme toute la perspective, Anne Rivier parvient à conserver une distance tout en favorisant l'éclosion de la tendresse. Dans cet échange des rôles, les choses peuvent être dites, avec humour, réserve et émotion. C'est aussi une tentative, pour la narratrice, d'apprivoiser l'approche de la mort. Le même renversement des rôles est à l'œuvre dans « Terre d'Orient », où la conteuse prête sa voix à un vieux Libanais qui revient d'entre les morts pour dire l'exil que fut sa vie, et dans « Complainte de la boîte à bébé », où l'enfant lui-même dit l'exclusion et la déréliction qui président à sa venue au monde.

Derrière tous ces textes, on sent une personne, avec ses goûts, ses dégoûts, ses opinions, ses points de vue, ses émotions, ses faiblesses, qui nous parle un langage clair, sans faux-fuyants. Une voix, comme je l'ai déjà dit, particulièrement à l'aise dans l'évocation des groupes humains, qui met en scène avec bonheur et un naturel époustouflant les grandes familles, la nombreuse parentèle, les maisons pleines de bruits, de cris, de rires, d'engueulades suivies de réconciliations, de brouilles tenaces parfois. Car tout le monde il est pas toujours gentil. Je pense en particulier à la condition féminine, thème important pour Anne Rivier, où sa solidarité joue à plein, comme dans « Chère Nahid », texte nourri de son expérience de l'Orient.

Je m'en voudrais de ne pas mentionner encore le talent de la narratrice à camper des portraits (Madame Loosli est un modèle du genre !) et à brosser un paysage (« Borderline »). Enfin, innombrables sont les trouvailles, comparaisons drolatiques et bonheurs d'écriture, qui émaillent ces mini-tranches de vie et les rendent si savoureuses à déguster. Je n'en donne qu'un exemple, pour rester dans le ton de la gourmandise. La narratrice est chez ses grands-parents et s'apprête à se mettre à table : « Dans mon assiette, la traditionnelle purée creusée de lacs caramel, la saveur laiteuse relevée des sucs concis du rôti. Au dessert, des fraises sous leur couette vanille, des charlottes cannelées ou des pommes au four, leur œil borgne piqué de raisins de Corinthe, leur peau cisaillée de cicatrices de cristal. » Je ne sais pas si vous êtes comme moi, mais les « sucs concis du rôti », ça me comble : c'est aussi beau que du Colette !

Catherine Dubuis

MALLEY-SUR-MER

Il est des changements climatiques qu'on ne peut ignorer. Le trou d'ozone par exemple. L'effet de serre. Un beau matin, dans pas très longtemps, on se réveillera et les hauts de Prilly seront au bord de la mer. Personne ne s'en étonnera puisqu'à Malley déjà l'eau est salée. Chauffée à 34 degrés toute l'année, à deux encablures du Centre de Glace. Aménagé pour votre santé, un Etablissement Qualitop, ouvert 7 jours sur 7, saunas, sanariums, solariums, 160 engins et 500 places de parc.

Ça ne vous dit rien ? C'est que vous devez être sourds ou illettrés, sauf votre respect. Ou habiter un trou perdu, à mille lieues de l'Arc lémanique et de la Civilisation. Sinon vous seriez au courant. Au Fitness Parc Malley un nouveau sport est né : le Bien-Etre. Quand il porte les bottes du Géant Orange, le progrès est inéluctable.

Alors, vous m'accompagnez ? Non ? Je l'aurais parié. Les enfants, les courses, le ménage, trop de travail au bureau, pas de pause à midi. Et le soir vous ne pensez qu'à vous affaler devant votre plateau–télé pour compter les missiles dans leur brouillard vert en bâillant votre ennui. J'ai donc décidé, lundi dernier, de tenter l'aventure à votre place.

Dans le bus, mon sac de plage sur l'épaule, j'avais l'air malin. Il pleuvait des seilles. A l'arrêt Galicien, j'ai cambé les tranchées de la route de Renens et je me suis abritée sous le viaduc. Impression de banlieue française, entre zone industrielle et zone sinistrée. Le bâtiment Malley-Lumières, gigantesque cube noir et acier du genre pas fini, cadre parfaitement avec le paysage. N'empêche. Drôle d'endroit pour le bien-être.

Entrons. Arc de triomphe, bâches et tubulures. Rez-de-chaussée dallé miroir. Une succursale de la Poste, un kiosque, le coiffeur, des souliers, des médicaments, des restaurants. Au supermarché, les étalages de circonstance : lunettes de natation, tongs de piscine, tops et pants d'aérobic. Partout, suintant de haut-parleurs plus sournois que les caméras de surveillance, la « musaque », cette pâtée de mélodies filandreuses et de tempos matraqués. Impossible d'échapper aux décibels imposés de la consommation.

De pâles vendeuses vont et viennent entre les stands de leurs cages borgnes, la joue chiffonnée. Clignant des yeux, elles luttent contre la migraine des néons. Pas un client à l'horizon. Leur bourdon est contagieux, les tempes me serrent et j'ai des papillons noirs plein la tête.

Le hall central. Ascenseur pour l'échafaud. A l'étage, les salles de cinéma affichent leur réclame tapageuse. Aucune séance valable avant une heure. Pas de regret. Haro sur le Nouveau Sport et son comptoir d'hôtesses en uniforme. Accueil poli. Une vestale me jauge du haut de ses vingt ans. Voilà le programme. L'abdo-fessier vient de commencer, si vous voulez essayer. Vous avez le choix ! Le step, le mambo'ronic, l'aéro-kick box, le spinning. Je vous recommande également notre Institut, traitement anti-cellulite, contrôle de la masse graisseuse, enveloppements, drainages.

Contre les 28 francs de la carte journalière on me tend un bracelet velcro qui, par simple application de son boîtier à puce incorporé, ouvrira les tourniquets, bouclera les armoires, enregistrera mes moindres tribulations dans le périmètre autorisé. Je quitte le monde connu, un fil à la patte.

Sur l'autre rive, lancinante comme une douleur dentaire, une nouvelle bande-son. Lara Fabian hulule pendant que, désorientée, je cherche les vestiaires dames, traverse des toilettes, en ressors hagarde. L'ambiance me rappelle ma première thalasso, son atroce forfait de base (quatre soins quotidiens, pas une minute à soi), ses kilomètres de couloirs en peignoir mouillé, nuque raidie dans les courants d'air, cavalant d'une « Ecole du dos » à un bain d'algues génétiquement modifiées tendance sardine à l'huile. Jusqu'à l'exécution au jet d'eau, collée au mur, pour finir agonisante entre les pognes d'une matrone que votre retard a rendue particulièrement belliqueuse.

Les vestiaires, enfin. Trois naïades filiformes revêtues de leur seul bronzage discutent des mérites comparés des solariums et du soleil des îles. Réfugiée dans un fond de travée, je me cache sous ma veste pour m'extraire de ma culotte. Effort stoppé net par l'abordage parfumé d'un top model – quarante-cinq kilos, un mètre huitante au garrot – qui se dégrafe en sifflotant, enfile son bikini à coquelicots, me sourit et se plaint de l'exiguïté des placards. Qu'est-ce qu'on va faire en hiver, avec les manteaux et les bottes ? Je soupire que cet hiver, exceptionnellement, j'ai l'intention d'hiberner.

En attendant cet heureux jour, cap sur la mer et les bassins. Dans la Zone Humide, une baigneuse détrempée me toise, fixe mes pieds nus et m'apostrophe en vaudois. Strictement interdit. La saleté, les mycoses, je vous aurai avertie.

Je monte l'escalier sur des œufs. Longue douche chaude suivie d'un plongeon dans le whirlpool. Puissante centrifugeuse dans laquelle je perds illico l'équilibre pour amerrir dans des bras mâles aussi musculeux qu'inconnus. Essorée, échaudée, je m'élance dans la piscine au milieu d'un cours d'aquagym. Les élèves, sept dames très dignes (moyenne d'âge septante-six ans) lèvent la quille en saccades, les bras en croix appuyés sur des bouées multicolores. La monitrice mène le bal depuis la terre ferme, un micro à la bouche, hurlant ses instructions sur les pulsations d'un rap enragé.

– Madame, on ne nage pas, s'il vous plaît. Cinq minutes et j'ai terminé.

J'ai obéi. Puis j'ai un peu barboté. Mais le cœur n'y était plus.

Avant de rentrer, je me suis attardée au bar diététique. De ma chaise, la vue sur la salle de musculation était imprenable.

Fascinant musée de l'Homme. Vitrines animées, dioramas vivants. J'ai bu mon jus d'orange à la santé de ces anthropoïdes du bien-être condamnés à courir indéfiniment derrière leur ombre, sur le tapis roulant d'une machine immobile.

LA TABLE DU TÉLÉPHONE

Avec de nouvelles libertés, un nouvel élan, de nouvelles technologies et un nouveau nom, Swisscom attaque en tête de course. Vous avez reçu son premier courrier. Dès le début de l'année, sans nouvelles de votre part, vous aurez changé de statut. Grimpé l'échelle des valeurs. De simple administré(e), vous deviendrez Client(e). La majuscule est un cadeau de bienvenue.

Souvenez-vous. Guéridon, tabouret, Louis XIII ou caisse à bois, on l'appelait la table du téléphone. Chez nous, elle trônait au vestibule. Sans style défini, elle portait beau sur ses pieds rainurés. Son plateau portefeuille était toujours ouvert. Sur ses abattants recouverts de feutrine verte un peu mitée, les objets semblaient pétrifiés, presque immortels.

En plein centre, sur le pli du tissu, à équidistance entre les deux charnières de laiton, l'appareil de bakélite noire avec son combiné bicéphale bien courbé sur sa fourche. A sa droite, le gobelet d'étain hérissé de stylos, de crayons mal taillés. A sa gauche, le vide-poche de pierre olaire et son contenu : boutons non identifiés, clés de la cave, de l'entrée, cartes de visite, et les trois bonbons à la menthe auxquels personne n'aurait osé toucher. Derrière le téléphone, la lampe post-moderne à la laideur complice, son abat-jour dirigeable fort utile dans la pénombre de cette pièce aveugle. Le tiroir, enfin. Trop petit, le nôtre débordait et coinçait à la butée. Agendas, annuaires cornés, trombones, attaches parisiennes, rouleaux de scotch, colle de poisson, cette succursale de papeterie comblait tous les besoins.

C'était au temps pas si lointain où, dans la maison, chaque chose avait sa place et le téléphone son fil. Lorsqu'il sonnait, il unissait, il rassemblait. Sa table était comme un point d'eau dans le désert. Cachottiers, les parents en chassaient les enfants. De son nid, la couvée dressait l'oreille, s'initiant aux nécessaires hypocrisies de la vie. Le soir venu, tout en carrelant le bloc-notes de dessins *op-art*, les jeunes filles y susurraient des mots doux. Du lit conjugal, les mères, au diapason, les surveillaient. Moins pour les punir que pour suivre le feuilleton, prévoir la date de l'accident et les premiers secours. Plus candides, les garçons s'y ouvraient comme des livres. Fomenteurs d'école buissonnière, maquilleurs de mobylettes ou coureurs de minettes, leur exaltation bruyante et le cordon trop court les condamnaient d'avance.

Ainsi, par la maîtrise supposée de l'information, les chefs de famille grandissaient dans la saine illusion du pouvoir. Plus forts, ils étaient plus magnanimes. Et quand le bonheur était au goût du jour – retours d'affection, affaires conclues, examens réussis, naissances – c'est la tribu entière qui jubilait et piétinait en rond, se passant et se repassant le combiné comme un précieux calumet.

Aujourd'hui, dans les foyers, la privatisation des télécommunications s'est déroulée sans heurts, sans diminution de prestations et, surtout, sans appauvrissement matériel. Les appareils nouveaux ont déboulé, la nouvelle table a suivi. Transfigurée, méconnaissable. Roulante donc nomade, extensible à volonté, architecturée tubulures acier et plateau nickel, elle étale ses brillances avec des grâces de bloc opératoire. Autel consacré à l'interactivité, on y pose le télécopieur, le fax, le modem, l'imprimante.

Et la station de base. Lorsqu'elle sonne, c'est à celui ou à celle qui s'en éloignera le plus. Chacun pour soi, un mobile pour tous, le nouveau droit de la famille est à ce prix. Des chambres, du balcon, de la buanderie, on s'annonce séparément mais tous ensemble, on précise sa position, on tente de démêler l'écheveau des voix, de localiser l'interlocuteur, on se le dispute et on se dispute, on se coupe et on coupe, on hurle en chœur derrière des portes closes, l'armée est en déroute, les généraux déconnectés, le central surchargé, le contact brouillé.

Laurent au télécopieur appelle sa mère à l'ordinateur, qui sonne Sandrine à ses devoirs, qui renvoie à Julie sur son portable, qui avertit son père au travail qu'un fax urgent vient de sortir signé Lolotte, erreur de ligne probablement, le père remercie, gêné, réclame maman toujours à son courriel, qui refuse des justifications jugées pitoyables avant de mettre un terme brutal à ce qui, faute de mieux, se nomme encore de la communication. Affolé, le mari s'obstine, rappelle la station de base qui grelotte dans la pénombre, toute nue sur sa table chirurgicale...

« *(...) Nous lancerons ces prochains mois plusieurs services qui vous apporteront plus de confort et d'agrément. Swisscom vous remercie de votre confiance et se réjouit d'être à l'avenir également votre partenaire privilégié...* »

Moi de même et réciproquement.

EDOUARD, LA SUZE ET MOI

Les nettoyages de printemps réservent quelque fois des surprises. A la faveur d'un rangement, je suis tombée sur la photographie de mon premier jour d'école. J'y partage la vedette avec Edouard, le bon ami de mes sept ans. Croqués par mon père dans notre jardin, rue du Débarcadère, nous y arborons un rictus révélateur. La perspective d'une carrière scolaire ne nous enchante visiblement pas.

En ce temps-là, Biel-Bienne n'avait pas besoin de radio pour se savoir bilingue. Mon enfance tout entière a suivi le cours d'une rivière à deux noms : die Schüss, la Suze. La semaine, ses chemins riverains vous conduisent aux choses sérieuses, l'instruction publique et obligatoire, les redoutables séances chez le dentiste ou l'oto-rhino. Le dimanche, on s'y balade en famille et pour le seul plaisir.

Chaque année reviennent les printemps à hannetons, les automnes à marrons, et les visites hivernales au musée Schwab. Inoubliables, ses odeurs de poussière et de bois ciré, ses armoires vitrées regorgeant de silex, de grattoirs, de harpons en os de chevreuil, de débris de poteries. Nos Ancêtres les Lacustres, si j'en crois les dessins autorisés de mon vieux cahier d'histoire, vivent et se reproduisent « à l'abri des bêtes féroces » dans des huttes à toits de paille sur des pilotis fichés dans la vase.

Qu'il pleuve ou qu'il neige, il y a la halte à l'écluse. Le lancer de pain provoque de spectaculaires matches mouettes-canards. La prétendue fidélité des couples de colverts m'intrigue un peu, mais ma préférence va aux mandarins, avec leurs croupions en pagode. Dans le petit zoo attenant, Kiki le Mainate fait un tabac. C'est un pur produit francophone, son « merde » sonore éructé à volonté nous met en joie jusqu'à la maison.

En 1954, Biel-Bienne parle les deux langues couramment. Edouard, mon amoureux, aussi. Nous nous aimons à la folie. Matin et après-midi, nous nous rejoignons rue du Viaduc, à équidistance de nos domiciles respectifs. Nos rendez-vous sont tellement sacrés que nous sommes toujours en avance de peur de nous rater.

Mon « Edeli » est plus joli qu'un ange, la bouche en cœur, cheveux frisés mouton, l'œil vert amande sous le cil éventail. Pantalon court, larges bretelles, gilet de laine au point mousse sur sa chemise rayée. A ses côtés je me pavane en robe chasuble et blouse à smocks. Nos chaussettes sont jumelles, tirebouchonnées, tricotées main, grisouilles. Aujourd'hui encore elles me grattent les mollets rien qu'à les regarder.

Edouard possède un cartable en authentique peau de vache, noir et blanc avec des poils. Le mien est en cuir lisse brunâtre. Bonne pâte, l'Edouard me prête sa merveille sans sourciller. Mieux, le long du Quai du Bas, il chaparde des brassées de fleurs dans les plates-bandes pour me les offrir, il me ramène des raisinets, des framboises ou des cassis par poignées. Chèrement disputées aux grillages ces baies m'arrivent dégoulinantes, déjà réduites en confiture. Elles ont la saveur du fruit défendu et du pouvoir bien exercé.

La classe terminée, nous nous attardons sur le pont de la rue de l'Hôpital. Nous jetons des cailloux dans l'eau verte, visant les énormes truites qui ratissent les fonds de leur queue arc-en-ciel. Puis nous remontons le canal en traînant les pieds. Nos mères parfois viennent nous chercher, l'index levé et le sourcil circonflexe.

A neuf ans, je m'invente un avenir de ballerine russe. Mon nom de scène, Anouchka Rivierskaïa. Cette nouvelle passion grignote mes congés et finit par espacer nos rencontres. Au début, Edouard m'accompagne à la porte du studio de Madame N. Il aimerait apprendre à danser avec moi. Madame N. n'accepte pas de garçons chez elle. Unique représentant du sexe fort, le pianiste, son mari. Monsieur N. est de l'espèce commune des Chopin à lunettes. Il joue à dix mètres du clavier, l'oreille sur l'épaule et les bras tendus. Après chacune de nos prestations, il s'ébroue, secoue sa somptueuse chevelure et se retourne vers nous, les futures étoiles. Son sourire indulgent est un baume sur les constantes vexations que son épouse nous inflige. Car Madame N. est une personne exagérément sévère, une vraie Allemande, et sans aucun doute possible une vraie maîtresse de ballet. Ni compliment, ni encouragement, jamais.

    Edouard lentement se résigne. La Suze nous escorte séparément. Nous sommes grands, maintenant, notre existence a changé d'itinéraire, elle se concentre sur le Seevorstadt et son Progymnase. Les marronniers du Faubourg nous voient passer et repasser, mêlés à des groupes d'ados gueulards au rire grasseyant. On nous entend chanter à tue-tête le « Retiens la nuit » de Johnny et le « Lippenstift am Jacket » de Peter et Conny. Le kiosque en bois du Rüschli vide nos porte-monnaie de leur maigre argent de poche.

    A son heure l'église du Pasquart nous accueillera en religion. J'y confirmerai la promesse de mes parents, juste pour les cadeaux. Edouard, lui, refusera « cette comédie ». Il s'inscrira quatre ans plus tard en faculté de théologie. Nos études différentes, nos voyages nous éloigneront l'un de l'autre pour longtemps, nos retrouvailles n'en furent que plus intenses. Edouard est mort trop vite. Son dernier cadeau, une invitation à un spectacle de Pina Bausch, était aussi beau qu'un bouquet volé.

    Je viens de recoller notre photo dans mon album. Ce que nous étions chou ! Mais ces affreuses chaussettes, tout de même.

PRENDRE LA PEUGLISE

Début de vacances d'été dans le Jura neuchâtelois, gare de la Sagne-Crêt. Pile à l'heure, l'automotrice rouge pavot des CMN s'annonce en sifflant. Appel pathétique et pour cause : les sièges sont vides depuis les Ponts-de-Martel.

Seule passagère, je grimpe à l'avant, je tends mon demi-tarif. René le conducteur-receveur l'examine soigneusement, poinçonne mon billet. Désignant le wagon dépeuplé, il hausse une épaule et soupire :

– Les vacances horlogères, Madame. Cette manie qu'ils ont de partir tous en même temps ! La mono-industrie, c'est terminé, non ? Dans la région, de l'horlogerie, y en a presque plus, mais les vacances, on les garde comme si rien ne s'était passé. Pour le souvenir peut-être ? Je me demande bien qui se rappelle encore la fabrique de balanciers du village...

René reprend sa place mais ne ferme pas sa cabine. Je renonce à aller m'asseoir. La Peuglise n'est pas un taxi, quand on y cause il faut en profiter.

– D'habitude, à cette saison, on croule sous les randonneurs. Remarquez, avec le froid et la pluie de ces dernières semaines... En janvier, c'est autre chose. Des fondeurs, par centaines, de toute la Suisse. Des brassées de skis !

Si René exagère à ce point, c'est que le soleil brille enfin. Le quai de la petite gare prend des airs de Canebière et la vallée moutonne jusqu'à la Roche-aux-Crocs.

A 13 h 38 précises, la Peuglise démarre et siffle trois fois devant Miéville.

Le paysage retrouve sa géométrie sévère. Triangles noirs des sapins, rectangle brisé du ciel bas, cicatrices des lisières, lignes de fuite à l'encre de Chine, mosaïques des pâtures aux couleurs froides, tout ici dispose à la mesure, à l'épure. Et à l'ennui, pourquoi pas. En fin de compte, l'austérité enrichit l'esprit. D'abord, elle stimule l'imaginaire, incite à l'invention, elle séduit, elle attache. Puis elle ramène à la méthode, à la raison. Au repli studieux dans des chambres boisées où le halo des lampes éclaire des textes ou des problèmes d'échecs que les trépidations du quotidien empêchent d'aborder sereinement.

Le train ralentit. A Sagne-Eglise, le miracle : une deuxième cliente. Le contrôleur salue mais ne contrôle pas. Francine, infirmière à la ville, est une habituée. Imposante, plantureuse, elle souffle et transpire

– Tu ne m'en veux pas si je me pose, s'excuse-t-elle, j'ai trois gardes de nuit dans les pattes.

René claironne :

– Ça va, Madame me tient gentiment compagnie.

Nouveau départ, entrée en douceur dans la forêt. Beauté, harmonie, ombres et lumières diaprées de sanctuaire, René devient lyrique :

– En hiver, avec la neige, les branches ployées, des rideaux de théâtre. Une paie que je me tape le parcours et je ne m'en lasse pas, c'est normal ?

A La Chaux-de-Fonds, il s'inquiète :

– Je ne vous ai pas trop ennuyée ? La ville est morte, vous verrez.

Je le rassure. Je connais, j'y ai vécu. Une balade, une visite chez le médecin et je rentre.

Place de la Gare, pas un chat à l'horizon. Peu de voitures. A l'arrêt, deux bus tête-bêche. Un chauffeur bâille en s'étirant, l'autre agite son journal en éventail. Sur l'Avenue Léopold Robert, la grande poste a placardé son horaire spécial. A la terrasse de la brasserie, un groupe de routards canadiens, mollets bronzés sur leurs sacs de montagne cousus de feuilles d'érable. Une Noire en boubou, un bébé blotti dans les tournesols de son batik. Frappant les tables de son chiffon, le garçon grommelle en espagnol. Plus loin le fleuriste, le marchand de meubles et le photographe affichent les dates de fermeture à l'encre rouge.

Devant la pharmacie, je tombe sur Samuel l'Erythréen. Jadis instituteur à Asmara, longtemps prisonnier de Mengistu, Samuel est un Chaux-de-Fonnier précieux, un témoignage vivant à préserver. Requérant africain ayant obtenu le droit d'asile en Suisse, il est même si précieux qu'on devrait l'encadrer et l'étiqueter « vrai réfugié politique d'avant les trois cercles ». Samuel va bien. Il continue de s'intégrer avec énergie dans la cuisine d'un restaurant campagnard. Sa femme et ses filles ont fini par le rejoindre. Son fils aîné, un as en informatique, commence le Poly à l'automne. Malgré cela Samuel a souvent le mal du pays. « Là-bas, *they need teachers*, ici laver la vaisselle », lance-t-il dans un éclat de rire. Décidément mon ancien élève de français n'a pas beaucoup progressé. Qu'importe, la liberté est polyglotte.

Je pousse jusqu'à la fontaine monumentale. René avait raison. Le Pod est un long fleuve tranquille dont la plupart des riverains a péri dans une inondation. Ne subsistent que les banques, imputrescibles. Et les géants, orange ou autres, leurs vendeuses en uniforme, leurs vendeurs en chef, leurs étudiants au rabais et leur travail sur appel. Place du Marché, la situation est carrément désespérée. Boulangerie, boucheries, fromagerie, restaurants, épicerie jouent l'Arlésienne. Le petit commerce se repose et crée un besoin ?

Chez le médecin, en revanche, la salle d'attente ne désemplit pas.

– Il y a vingt ans, je soignais des travailleurs que les « horlogères » déprimaient, aujourd'hui, des sans-emplois que les vacances des autres achèvent. Je prescris des anxiolytiques, des somnifères, des antiacides à tour de bras, mais c'est du boulot qu'il leur faudrait, une dignité. Je l'invite quand il veut, le haut fonctionnaire de l'Office fédéral, celui qui prétend que les chômeurs c'est un tiers d'alcooliques, autant de drogués et de tire-au-flanc. Qu'il vienne m'assister et je lui apprendrai le calcul. Personnellement, je n'en ai que des vrais, des chômeurs. Trois tiers et tous les jours.

Dans la Peuglise du retour, Madame Béguin montre à Madame Vuille la blouse qu'elle vient d'acheter :
– Ravissant, ce tissu. Du synthétique, sérieux ? On dirait de la soie. Conseil d'amie, Bluette : dépêche-toi de la porter. Parce que chez nous, les manches courtes, c'est pas long.

N.B. * *Peuglise, du suisse-allemand « Bügeliisä », fer à repasser. Au figuré : locomotive, et par extension train entier, quand il s'agit d'une ligne à voie étroite. Se dit surtout du chemin de fer régional Ponts-Sagne-Chaux-de-Fonds.*
(Dictionnaire historique du parler neuchâtelois et suisse romand).

NOËL AUX MARMOTTES

Elle a oublié pourquoi on l'avait mise au Home des Marmottes à cette période-là précisément. Elle ne sait plus non plus si on l'avait amenée dans la Peugeot gris éléphant, ou si on lui avait fait prendre le train jusqu'à Aigle, puis le car postal. Elle a même oublié quel âge elle avait.

Ses parents pensent qu'elle avait neuf ou dix ans. Ils sont sûrs de l'avoir conduite là-haut après les célébrations familiales. Jamais on n'aurait eu le cœur de la priver de ces veillées sacrées ! D'ailleurs on avait arrangé ces vacances pour son bien. Sa santé était si fragile. Le Docteur Tanner les avait vivement encouragés. L'altitude, l'exercice en plein air la fortifieraient, et la vie en communauté forgerait son caractère.

Elle n'aimait pas le Docteur Tanner. Un faux jeton qui souriait en vous piquant le bout du doigt. Elle aurait voulu l'effacer de sa mémoire. Impossible. Celui-là, aujourd'hui encore, elle pourrait vous le peindre de pied en cap.

De son séjour, en revanche, elle n'a retenu que des détails. Ils réapparaissent vers la Saint-Nicolas, avec l'odeur des marrons chauds et des pelures de mandarines pressées sur les flammes de l'Avent.

Son arrivée aux Marmottes, par exemple. En majesté sur le perron, voici Olga, préposée à l'accueil, une robuste tourière aux pommettes slaves. Le vestibule sent l'oignon et le bois ciré. Flottant dans la pénombre, la lueur cuivrée d'un vieux coquemar rempli d'immortelles.

Elle est seule, elle est invisible, personne ici ne la connaît. On lui empoigne sa valise, on la pousse dans l'escalier. Long couloir tapissé de coco rouge, numéros de laiton sur les portes. Chambre 17, deux lits bordés serré, alignés sous leur couverture militaire. On lui ouvre une armoire, on lui ordonne d'y caser ses affaires. On la surveille du coin de l'œil. Alors elle a honte de sa trousse de toilette rose, de ses bimbeloteries, barrettes et colliers de perles en plastique.

La scène du premier souper au réfectoire est très vivace, d'une netteté redoutable. Les assiettées de potage au gruau refroidi, cette peau gluante qui refuse de passer la glotte. Et puis, inquiétante, la certitude immédiate d'être foncièrement différente de la vingtaine de gamins surexcités qui l'entourent. Et ne la voient pas.

La cruauté de la première nuit également. Abandonnée, pire que le jeune Rémi dans *Sans Famille*. Le sourire de sa sœur, la voix tonitruante de son père, où se sont-ils cachés ? Sa mère ne l'aime donc plus, c'est ça ? A ces questions, ne répondront que le silence, ses larmes, le tapage feutré du cœur dans le matelas. Et cette énorme lune de montagne, découpée comme une menace dans le cadre de la fenêtre.

Du premier matin, des instantanés uniquement. Le cacao fumant dans les bols, la pile de tartines sur laquelle il faut se précipiter. Les hurlements de victoire des plus rapides. L'affolante découverte de sa faiblesse à elle. Sans alliée, sans ami, elle aura souvent faim pendant les leçons de ski.

Et puis la discipline. La sieste au balcon, couchée transie dans le soleil glacial. L'interdiction de jurer, de parler à table. La douche, les ongles contrôlés. Le bain entier une fois la semaine, shampouinée, étrillée, séchée par les employés, hommes ou femmes, sa pudeur d'enfant bafouée.

Enfin, suprême exercice des valeurs chrétiennes, le sacrifice obligé de ses paquets cadeaux. Déballés en public, leur contenu de friandises distribué aux camarades moins chanceux.

Ressurgissent alors les personnages qui sévissaient dans cet établissement privé. Le moniteur de sport, aussi bête que ses piolets. Campé sur ses fixations, insultant les maladroits du stemm ou les lambines du schuss. Les pseudo-éducateurs, sans formation, leurs humeurs imprévisibles, leur humiliante indifférence. La Directrice, vieille bique au nez de fouine et regard poignard.

Grâce au ciel, il y eut quelques bonheurs. Sophie Lumière, d'abord, la Parisienne qui partageait sa chambre. Une petite maille à la pupille cerise, effrontée et courageuse. Une souris des villes au parler pointu, qu'elle s'était dépêchée d'imiter. Sophie-la-Catholique, qui lui apprit la messe par cœur. Sainte-Sophie qui priait chaque soir pour sa nombreuse famille, agenouillée au sépulcre de son lit défait. Elle devint son modèle, son Autre Initiatique.

Le Grand Spectacle, ensuite, avec ses débuts fracassants dans le Théâtre. Une « Nativité en cinq tableaux vivants » pour laquelle le Home avait rameuté parents et amis, le syndic, le pasteur, la bonne moitié du village. Elle y jouait l'Ange Annonciateur. Sa tunique immaculée godait sur ses chevilles, ses ailes de papier lui pendouillaient sur les fesses, qu'importe, son rôle était central. Sans elle, pas de Jésus.

Et en effet, lors de la représentation, paralysée par le trac, elle rata son entrée. On dût la forcer sur les planches, elle en perdit ses fausses plumes et sa neuve assurance. Elle s'entend encore bredouiller qu'à Bethléem un Seigneur nous est né, pour porter tous nos péchés. Furieux, Louis le Détesté, Educateur-en-chef et régisseur d'occasion, l'abreuva de sarcasmes et la garda sur sa corne jusqu'à la Saint-Sylvestre.

Ce soir-là, Sainte-Sophie rentrée à Paris, elle s'autorisa une païenne revanche. Au moment de s'asseoir à table au dîner du Réveillon, subrepticement, elle retira la chaise de dessous le cul de son Ennemi.

Chute, rugissements de douleur et de rage du ci-devant Louis. L'assemblée entière secouée d'un formidable éclat de rire. Ces hourras, ce déchaînement, cette jubilation frénétique et son nom scandé dans les bravos. Son vrai Noël et sa Nativité.

CHÈRE NAHID

Le 23 mai 1997, jour de tes cinquante-cinq ans, tu as élu ton nouveau président. Comme la plupart des Iraniennes tu as choisi Seyyed M. Khatami, le dit Modéré. En lui tu as placé tous tes espoirs. Qu'Allah te préserve de la terrible déception, qu'Il exauce enfin tes modestes désirs.
 A chaque fois qu'il se passe quelque chose d'important dans ton pays, je pense à toi très fort, si fort que pendant quelques semaines je te vois partout. Photos de presse, journaux télévisés, films de Makhmalbaf ou de Kiarostami : ton sourire ironique, ta silhouette déliée s'imposent à ma mémoire, ravivent les souvenirs. Même si les mollahs t'ont appris à lire et à écrire depuis mon départ de Téhéran, ma lettre, je le crains, restera sans réponse.
 J'ai perdu ta trace à fin juillet 1974, date à laquelle tu étais employée chez un ingénieur allemand d'Abbas Abad, en cachette de tes parents qui te croyaient couturière dans un atelier du bazar. Profession autrement respectable que bonne à tout faire chez les *farenguis*, ces étrangers que ton Empereur, Rois des rois, Lumière des Aryens, accueillait à bras ouverts en ce temps-là. Voilà donc plus de vingt ans que je tente d'imaginer tes sentiments, tes réactions, tes faits et gestes, la suite de ton histoire.
 Ta vie de femme avait mal commencé. Répudiée après deux ans d'un mariage arrangé, tu t'étais réfugiée dans ta famille avec ton fils encore bébé. Tu l'avais élevé de ton mieux, au prix de mille vexations sociales et domestiques, juqu'à l'âge de ses sept ans. Son père alors te l'avait repris, sans état d'âme, sans aucune pitié, en parfaite légalité coutumière. Tu t'étais écroulée. Personne ne t'avait aidée à te rele-

ver. Houspillée par les tiens qui te reprochaient d'être à leur charge par ta seule faute, tu t'étais résignée à travailler en ville, chez des parvenus de Chemiran.

Tes récits de Cendrillon islamique me révoltaient. Tu mangeais les restes des repas de tes patrons, accroupie dans l'herbe sous l'auvent de la cuisine. Tu dormais par terre, au pied du lit des enfants. Tu n'avais qu'un congé par mois, un vendredi réduit à presque rien par l'interminable aller et retour en bus, des faubourgs de Rey aux beaux quartiers du Nord. Tu me racontais tes malheurs, Nahid, et j'étais bouleversée. Très jeune, déracinée, enceinte, je relevais d'une maladie quand un ami iranien nous avait présentées.

Notre coup de foudre fut immédiat. Tu m'as prise sous ton aile, tu m'as soignée, tu m'as guidée. Accessoirement, tu t'es occupée de mon ménage. Tu as fini par venir tous les jours, nous parlions des après-midi entiers. Tu m'as confié des secrets que tu n'avais jamais confiés à personne, des secrets de femme rejetée, de mère niée. Tu m'as expliqué cette tragédie musulmane des sexes diabolisés, hiérarchisés, séparés dès l'enfance. Nous nous sommes disputées, évidemment. Tu étais croyante, moi pas. Mais nous n'étions pas fanatiques, les prophètes communs à nos deux religions avaient tôt fait de nous réconcilier.

Nous étions naïves et curieuses, occupées de nos ressemblances plus que de nos différences. Nous avons échangé nos cultures comme des images à la récréation.

Puis mon propre fils est né. Tu m'as suppliée de te garder, j'ai accepté. C'est là que tu as changé, tu t'es approprié le nourrisson, tu me l'as volé. Tu l'as dorloté, bercé, élevé à l'iranienne, tu ne voulais plus le lâcher. Tu es devenue possessive et jalouse. Ta blessure s'était rouverte.

Rappelle-toi, ma sœur, c'était sous le règne de Reza Pahlavi. Lorsque ton cousin communiste avait disparu, tu avais, contre l'avis de ton père, remué ciel et terre pour le localiser. Malgré le soutien courageux d'un oncle policier, malgré tes relations parmi les étrangers des organisations internationales, les prisons du despote t'étaient restées fermées. Le cousin était mort dans l'anonymat des dictatures. Le Chah n'était pas un démocrate.

    Toi, Nahid, tu le trouvais « trop moderne ». Sa blanche révolution t'avait laissée de marbre, elle qui pourtant t'avait accordé le droit de vote avant moi. Mais le développement économique anarchique et inégalitaire t'avait foncièrement déplu. Tu détestais les nouveaux riches, leurs mœurs « dissolues », leur fièvre « malsaine » de la consommation, leur américanisation.

    La libération de la femme ne t'avait pas effleurée, elle ne profitait qu'aux bourgeoises des grandes villes. A celles qui avaient de quoi se payer des avocats. D'ailleurs, à supposer que tu en aies eu les moyens, les mâles de ton clan t'auraient interdit de te défendre. Tu leur obéissais. Par habitude, par lassitude. Tu avais tant d'autres problèmes à résoudre, ton présent était si urgent que ces discours occidentaux de droits de l'homme te paraissaient déplacés.

    Toi, ton tchador, tu ne l'avais jamais quitté. A l'intérieur, tu refusais même d'enlever ton foulard. « Chez vous, les étrangères, les hommes entrent et sortent, c'est pire qu'un carrousel », tu riais aux éclats, tes dents lançaient des éclairs, tu étais belle, d'une beauté antique que les plis du voile, paradoxalement, actualisaient. Car tu étais l'Iran, le vrai. Celui de l'envers du décor, celui des masses méprisées, celui des oubliés des splendeurs pétrolières, celui des déshérités qui ont nourri la révolution et que la révolution a trahis.

    Vingt-trois ans déjà que j'ai perdu ta trace, vingt-trois ans que je t'invente une existence sans pouvoir couper les liens qui nous relient. Lorsque la monarchie est tombée en janvier 1979, tu n'as pas versé une larme sur l'exil de Reza. Le retour triomphal du Guide t'a enflammée. Qu'en février déjà, il exige des femmes qu'elles se voilent sur les lieux de travail ne t'a pas alarmée. J'y ai vu un mauvais présage, toi, un juste retour des choses.

En novembre 1979, tu as manifesté devant l'ambassade des Etats-Unis occupée. Je t'ai reconnue dans la foule noire et grimaçante, vous étiez des centaines et des centaines de Nahid à scander des slogans vengeurs. Vos étrangers ont déserté. De rares Européens ont persévéré, gardant la place au chaud ; ils ont continué à vous vendre des couleurs chimiques pour vos tapis, des armes, des médicaments, des projets d'usines, de métro. Avec tes excellentes références, tu aurais pu passer des uns aux autres avec profit, mais le jeu était trop risqué : on aurait sûrement fini par te dénoncer à ton père qui ne s'en serait pas remis. Nous étions des Satan, des infidèles dangereux. C'était officiel.

Tu as préféré servir chez un commerçant du bazar, bien riche et bien pieux. Tu as briqué, ciré, raccommodé, repassé. Ton salaire a baissé de moitié, mais l'homme était correct, sa femme bienveillante. Tous les vendredis, ils t'envoyaient à la mosquée, tous les jours tu devais prier, interrompant une lessive, une vaisselle ou ton sommeil. Ils t'ont encouragée à suivre des cours d'alphabétisation, tu as progressé rapidement, peut-être t'es-tu mise à lire les journaux, la propagande.

Quand le régime réprimait les libéraux, la gauche islamique, les communistes, les minorités ethniques et religieuses, quand les prisons étaient pleines d'innocents qu'on exécutait sans procès, tu n'en as rien su. La grande majorité des Iraniens non plus. La guerre avec l'Irak, en rideau de fumée bienvenu, vous a maintenus dans l'ignorance. Elle vous a replongés dans le malheur et la précarité. Et votre belle jeunesse, saignée à blanc. Pauvre Nahid, ton fils que tu ne voyais qu'une fois par an, à Norouz, ton fils, chauffeur de taxi comme son père, beau et vaillant comme sa mère, Allah le garde, ton fils s'est engagé en février 1983. Tu n'as plus dormi. Tu ne vivais plus, tu retenais ton souffle. Au printemps 84, tes parents sont décédés, à un mois d'intervalle, des suites d'une grippe particulièrement meurtrière. Tes deux frères ont ramassé jusqu'au moindre rial, tu as juste pu sauver un matelas et le coffret de mariage de ta grand-mère maternelle.

A contrecœur tu t'es installée près de la gare routière chez Patoun, la belle-soeur que tu craignais tellement. Rappelle-toi, Nahid, sa langue de vipère, et ton frère Ali qui la protégeait ! Qu'importe, tes trajets se sont raccourcis d'autant, et cet avantage valait quelques rebuffades supplémentaires.

La guerre s'éternisait. Les deuils rassemblaient les femmes dans les cimetières. Plus besoin de pleureuses professionnelles, les lamentations étaient spontanées, la douleur atrocement gratuite. Les pénuries se sont multipliées, tu as fait la queue pour le riz, le pain, la farine, les prix ont triplé... Le Bazari a refusé de t'augmenter. Tu as frappé à la porte de la Fondation de ton quartier. En vain, ils étaient débordés et tu n'étais pas parmi les plus pauvres.

En été 1986, c'est par une affichette dans la rue que tu as appris l'intolérable, la mort de ton fils devant Bassorah. Tu es tombée malade. Le Bazari t'a chassée. Patoun t'a proposé de travailler pour elle, en échange du gîte et du couvert. En mars 1987, ton frère Ali est revenu du front dans un fauteuil roulant, amputé des deux jambes. Vous avez vivoté sur sa maigre pension d'invalide. Le 29 février 1988, lors de la guerre des villes, un Scud-B s'est abattu sur votre immeuble. Tes neveux et nièces dormaient encore. Miraculeusement épargnée, hébétée, tu as erré dans les ruines à leur recherche. Quand les sauveteurs l'ont dégagée, Leila la cadette suçait encore son pouce. Patoun et Ali ont agonisé une semaine dans un sous-sol d'hôpital surpeuplé.

Après le conflit, tu as mendié une rente auprès du gouvernement. Mère, soeur, tante de martyrs, tu as eu gain de cause, Dieu soit loué. Mais sans l'aval de la Fondation Islamique qui possédait ton dossier, irréprochable, et sans la détermination d'un ami de ton père, religieux à Rey, tu n'aurais eu aucune chance.

Tu as loué une chambre minuscule dans un locatif insalubre, bientôt envahi par des réfugiés ayant fui les combats, des paysans crevant de faim, des ouvriers au chômage, des veuves chargées d'enfants en bas-âge. L'inflation t'a rattrapée, comme elle a rattrapé la cohorte de tes semblables. Les bidonvilles, les constructions sauvages ont essaimé dans le Sud, à la périphérie de Téhéran. Le maire les a rasés. Des émeutes ont éclaté, puis la répression... la ronde éternelle, l'histoire qui bégaie.

Ma chère Nahid, la révolution t'a flouée. Alors, le 23 février 1997, jour de tes cinquante-cinq ans, toi qui ne votais pas, tu t'es enfin décidée. Seyyed M. Khatami t'a promis une « société de droit » et plus de libertés civiles. Dans la file d'attente, je t'ai tout de suite repérée. Tu m'as souri en agitant ton bulletin. Notre passé a flamboyé, l'espace d'une étincelle dans ta pupille. Rappelle-toi, Nahid, tu étais jeune et belle, ton tchador servait d'abord à masquer ta féminité. Aujourd'hui, usé, ravaudé, il ne cache même plus ta misère.

URGENCES

Madame S. est immortelle. Cette vieille amie n'a pas changé depuis trente ans. Le cheveu sage, l'œil pastel, le chemisier boutonné serré, en imperméable ou en loden marine, elle arpente les rues d'un petit pas mesuré. Sa serviette de cuir toujours pleine de livres et de coupures de journaux rappelle qu'elle fut institutrice avant de suivre son mari autour du globe. De son verbe précis elle décrit leurs exils successifs. Inde, Siam, Indonésie, Philippines, Iran, ses récits tiennent de l'épure plus que de la sanguine. C'est que Madame S. est vaudoise jusque dans ses fibres. Ses enthousiasmes sont corsetés par la pudeur, sa discrétion confine à l'effacement. Le « je » lui coûte autant qu'un gros mot.

Ainsi, quand elle est malade, elle se terre et n'avertit personne. C'est donc avec un mois de retard qu'elle m'avoue son dernier séjour à l'hôpital. Au téléphone, je m'inquiète : veuve, Madame S. n'a pas de retraite décente, se débrouille avec son minimum AVS et quelques sous qu'elle a mis de côté. Elle me rassure. La chambre commune ne lui a pas pesé, au contraire. Le personnel est charmant, efficace, elle me racontera, elle se réjouit de me revoir à l'endroit habituel.

Lausanne, un lundi de décembre. Le soleil glacial fige la place Saint-François dans une pose touristique. Du haut de l'escalator je l'aperçois sous le porche de l'église, amaigrie, courbée. Je l'appelle, elle ne m'entend pas, absorbée et absente à la fois. Je m'approche, elle se réveille enfin, s'excuse, elle ne se sent pas en forme, des vertiges depuis ce matin, un bon repas et il n'y paraîtra plus, alors allons-y. Son bras est léger comme un biscuit.

Au restaurant thaïlandais, Madame S. a repris des couleurs. Devant son dessert à la noix de coco, elle parle de sa récente convalescence dans un EMS, un hôtel Belle Époque transformé en mouroir d'altitude. Paysage féerique, vaste parc, les Alpes en toile de fond et le lac en miroir, Madame S. a battu la campagne environnante pendant des heures pour échapper à des camarades de chambrée assommées d'ennui et de neuroleptiques. A les évoquer, elle blêmit soudain, et oppressée, tangue sur sa chaise. Je m'affole, elle me supplie, pas l'ambulance, juste un taxi !

Centre Hospitalier Universitaire, entrée des urgences. La porte à peine franchie, Madame S. lâche ma main et s'avance bien droite vers le comptoir. Elle est en terrain connu. D'une voix raffermie, elle énumère ses symptômes à la réceptionniste qui se précipite et nous installe dans un bureau minuscule. S'y succèdent l'infirmière et ses questions pointues, le jeune homme et son ordinateur. En cinq minutes, Madame S. est fichée, signalée, enregistrée « assurée de base-chambre commune, sexe féminin, tranche d'âge 70-80, grosse consommatrice de soins », et transférée par ascenseur à l'étage sur un fauteuil roulant. D'un coup, son corps a cédé. Tassé, livré, bientôt mécanisé, il ne lui appartient plus.

Dans le couloir, des lits font la queue comme un samedi au supermarché. Un homme geint doucement, un autre taquine une infirmière, une vieillarde divague. Devant un lavabo, le personnel bourdonne, s'affaire en cercles concentriques. À ma gauche, une rangée de boxes d'examen, drôles de cabines d'essayage surmontées de lettres capitales de A à K. Un rideau grince sur sa tringle et Madame S. disparaît, happée par le G. « Revenez dans une heure », me conseille-t-on. Je remonte l'alphabet, tourne à droite, m'enfile dans la salle d'attente grande ouverte. Murs nus, néons vibrants. Effondrée sur sa chaise une jeune fille très maquillée, anneau d'argent dans le nez, pleure des larmes de suie sur ses joues de geisha. Je m'assieds près d'elle.

En face, deux fillettes immobiles, poupées raidies sur le skaï de leur siège. Pupilles de braise, robes violette et rose, collants orange, bandeaux vert pomme, je les devine d'ailleurs, d'un pays où les couleurs s'affichent sans hiérarchie. Adelina, cinq ans, baragouine le français. Leur mère très malade, là-bas, avec beaucoup docteurs. Vichnia, la cadette, suce sa manche, l'oeil braqué sur ses bottes. Nous nous taisons. Dehors, l'activité est incessante, les bruits, les langues se superposent. Des couples de stagiaires à étiquettes vont et viennent en devisant, des femmes à gants de caoutchouc traînent des seaux en soupirant, des infirmières claquent leurs talons de bois, s'interpellent d'un seuil à l'autre, s'échangent des chariots cliquetants, rient aux éclats.

A l'apparition de leur père, les fillettes se lèvent, s'accrochent à son pantalon. L'homme les écarte brusquement. Sa gourmette et son collier dorés lancent des éclairs. Il lisse ses cheveux gominés, bombe le torse, tourne en rond. Un médecin tente de lui exposer la situation : sa femme ne se réveille pas, ils font le nécessaire mais il faudrait qu'il collabore, qu'il leur dise quels médicaments elle a avalés. Est-ce qu'elle avait des somnifères à la maison ? L'homme hausse les épaules, hèle les fillettes qui s'en vont, tirées par leur col, muettes, soumises.

Retour au box G. Madame S. percée de tuyaux est raccordée à un écran, inscrite dans le présent numérique, vivante. Tension normale, pouls régulier, l'infarctus a été évité de justesse. On la gardera deux jours sous surveillance. Manque de place, elle passera sa première nuit avec deux hommes. Désagréable mais supportable. Au jeune interne qui l'interrogera sur son parcours de vie, elle racontera les pays aimés, ses voyages à moto dans l'Afghanistan des années soixante. Séduit par sa modestie, par sa grande culture, il la reverra plusieurs fois pour le plaisir.

Au moment du départ, Madame S. félicitera tout le service et tout le service la remerciera : des patientes comme elle, on en redemanderait. De retour chez elle, Madame S. dormira tranquille. Quoi qu'il arrive, elle sait qu'ils seront toujours là, des dizaines à l'attendre, à l'accueillir, à la soigner, à la sauver. La médecine suisse est bien la meilleure du monde, elle en est certaine et cette certitude la rend immortelle.

MON SALON DE L'AUTO

Au commencement, il y eut la matrice. De toutes les voitures, elle demeure la référence, la perfection absolue. Monospace capitonné rose saumon, son habitacle est extensible à volonté. Ses amortisseurs offrent un confort optimal, sa tenue de route une sécurité inégalable. Modèle de consommation autarcique, elle est écologique, et très économique de surcroît puisque gratuite pendant les quelque neuf mois d'essai accordés par la firme. Berline plutôt que coupé, son carénage est un régal de courbes. Il faut la voir avancer au pas, balancée comme un transatlantique. Ivres de soumission, ses passagers divaguent, baignés de bonheur. Imperméables au paysage ils se regardent le nombril, passionnément. (Plus tard, du berceau au cercueil, cette nostalgie persistante, ce deuil jamais achevé du véhicule originel.)

Pour ma part, je connus d'abord les substituts courants, le giron de ma mère, le sac à dos de mon père. Vint ensuite le landau sur ses échasses en accordéon. Seule, trop près du ciel, j'y déprimais. La descente au pousse-pousse fut une descente aux enfers. Au ras des pâquerettes je m'y sentais déclassée.

Ces leurres ne m'ont pas trompée longtemps. Ma poussette, elle, a bien failli m'avoir. Si j'en crois ses beaux restes j'avais quelques excuses. C'était un sacré châssis. D'un noir de truffe, sa carrosserie attirait tous les regards. En proue, un pare-chocs banane outrageusement chromé. Sous les godets de sa jupe, les roues à la suspension suave tournaient en silence et sans ratés. L'intérieur beige clair était doux au toucher, ses parois rembourrées, élastiques mais fermes, résistaient sans problème à mes « pincé roulé », directs du droit et autres coups rageurs.

Ma poussette m'a beaucoup appris. Le mobile et l'immobile, le dedans, le dehors, le ça et le moi. Cette formation à peine initiée, je passai de quatre sur deux pattes et fus promue au rang d'animal à locomotion autogène. Dès lors le moindre voiturage me fut compté. Il y eut des samedis en train, des dimanches en bateau, des virées en funiculaire et en pédalo. A mes six ans, la poussette quitta la cave et reprit la route, sous ma seule direction cette fois. Chargée de camarades, elle devint championne de courses-poursuites en quartier citadin, à une époque où les gendarmes n'avaient pas à se coucher pour que circulation rime avec modération. J'enchaînai avec la pratique assidue de la bicyclette.

Mais l'automobile se faisait attendre. Il y eut celle de nos amis, une Opel Capitaine blanche dans laquelle je vomissais obstinément. Il y eut la DKW de mon grand-père qui pétait en grappes dans la montée, la Topolino de ma marraine, à l'espace inversement proportionnel au volume de son opulente conductrice. Il y eut encore, inoubliable, la 2 CV de mon oncle. Son arrivée, aux vacances de juillet, dans la maison de famille était du Tati cloné. Hoquetant, aboyant ses quintes stridentes et ses sixtes déchirantes, le moteur était reconnaissable à des kilomètres. Nous accourions de partout telles des biches au bramement du cerf. C'est que l'entrée en scène valait la suite du spectacle.

Débouchant du chemin noisetier, cette boîte à sardines grisâtre cabriolait sur ses jantes puis basculait si largement dans le dernier tournant qu'elle paraissait claquer de l'aile avant l'envol final. Illusion ! Rivée au sol sur un axe incorruptible, elle se rassemblait derechef et fondait sur nous en klaxonnant. On pouvait voir, dépassant du toit à la bâche repliée, la chevelure du conducteur flotter au vent. A ses côtés, enfouie au plus profond du siège hamac, lestée de duvets et de pots de fleurs, invisible à l'oeil nu mais déjà présente à l'oreille, ma tante. A l'arrière, mes trois cousins, et, aguillé sur une valise, le chien lapant l'air à la demi - fenêtre ouverte.

Bientôt vidée de son contenu, la Deuche était régulièrement investie par les enfants avec l'accord tacite du propriétaire. Elle nous servait de « youpala », de cabane à secrets, de refuge, d'observatoire, ou de moïse communautaire quand les jeux et la chaleur nous avaient épuisés. Alors, béate, tout aînée que je fus, j'y suçais mon pouce avec les cadets, dans d'apaisantes siestes utérines.

L'automne suivant, il y eut la 203, la nôtre. Mes parents avaient choisi, ils roulaient français eux aussi, par identité culturelle en un temps où la voiture était une personne qui avait une âme, une nationalité, un nom et un surnom. Avec elle, on faisait un vrai mariage, on y tenait, elle n'était pas interchangeable. Elle donnait le meilleur d'elle-même sur ses chapeaux de roues et à pleins tubes. Lorsqu'elle vieillissait, qu'elle souffrait d'allergies bizarres ou de catarrhes chroniques, on la choyait mieux que sa propre mère. On lui réduisait ses parcours, on s'adaptait ; on ne l'emmenait au bord du lac que l'été, à cause de l'humidité. Et l'hiver, on la couvrait d'un plaid au garage. Quand elle mourait, on la pleurait.

J'ai essayé d'oublier, d'évoluer. J'ai fait de la Porsche en lunettes noires, de la décapotable en bonnet d'aviateur, du Lappländer en bottes fourrées, de la voiture de fonction en robe de soirée, de la limousine à New York, du triporteur à Istanbul. Rien, pas la plus petite émotion. J'ai testé les agressives, les viriles, les « suppositoires à camion », puis les pacifiques, les voluptueuses. Toujours rien, pas l'ombre d'un désir.

Pas étonnant, avec ça, que j'aie raté tous mes permis de conduire.

LE FILLEUL DE GUERRE

C'est une histoire toute simple, une de ces histoires dont les historiens se méfient. Trop subjectifs les témoignages, trop incomplets les documents. La mémoire est une passoire pleine d'ombres que le soleil traverse rarement. Mais chacun de ses trous fait sens. Quand Louise la raconte, l'histoire du petit Henri, par ses lacunes même, éclaire et rejoint la grande.

C'était en Suisse pendant la dernière guerre, dans un village du Gros-de-Vaud. Les dates exactes, Louise les a oubliées. Dans l'album vert sapin, sous les cinq photographies de l'enfant, elle a noté : « Henri Aronowitz, 1943-1945 ». Les parents de Louise n'avaient pas hésité. Le père avait une bonne situation, la mère était généreuse de nature, les frères aînés hors de la coquille et la maison spacieuse. Louise, vingt-deux ans, y habitait encore, et travaillait dans un bureau à la ville voisine. Leur motivation profonde ? Louise l'ignore. Ils n'en discutaient pas, c'était comme ça. Il y en avait pas mal, de ces petits Français, dans les environs. Les gens qui les accueillaient étaient des gens plutôt modestes. Les autres s'investissaient moins. Attention, Louise ne voudrait pas généraliser, ou juger : peut-être donnaient-ils aux bonnes oeuvres directement ? Ces gosses, on les gardait trois mois au minimum. On les requinquait, on les remplumait, ils étaient de la famille.

Le petit Henri ? Un amour blond et frisé. Son père, Monsieur Raphaël, était chapelier à Lyon. A la frontière, il avait prétendu que son fils avait cinq ans. Jusqu'à six ans, on les acceptait, plus âgés, on les refoulait. Quand étaient-ils entrés en Suisse? Au moment de l'occupation de la zone libre, en novembre 42, ou plus tard ? Aucune idée. On ne leur posait pas de questions. Par pudeur, pour ne pas les gêner. Et puis, que les Aronowitz aient été des clandestins ou des réfugiés officiels, au fond, Louise s'en fiche. Ce qui est certain, c'est que le petit n'en démordait pas, de cette légende des cinq ans. Evidemment, à l'école on avait vite mesuré son avance, Henri lisait, calculait, écrivait couramment. Il voyait courir le vent ce gamin, il était vif, intelligent. Devant la classe il s'était vanté : « Chez nous, on a de beaux livres ! »

Chez nous, c'était chez eux, précise Louise, chez ses parents à elle. Il leur était très attaché, il les appelait parrain et marraine. Et la mère d'Henri ? Il avait bien une mère quelque part, non ? Louise fronce le sourcil. Divorcée. De France elle avait écrit un unique message, en réponse à l'envoi d'un portrait : « Je vois que tu es toujours aussi joli garçon. Baisers, Maman. » Louise avait trouvé ça terriblement superficiel. Et le père, ce Monsieur Raphaël, comment était-il ? Louise s'anime. Un grand type affable, assez réservé. Il vivait dans un camp de travail en Suisse allemande. Lequel ? Louise hausse les épaules. Jamais, pas une seule fois, jamais personne ne l'avait entendu se plaindre de quoi que ce soit. Il était reconnaissant, ça se sentait. C'était un monsieur charmant, cultivé. On le voyait toutes les six semaines. Il économisait chaque sou de son salaire. Un beau jour, il avait débarqué avec une paire de souliers de montagne pour le petit. Neufs. À l'époque, les souliers neufs, ça comptait. Et de ce fameux camp, le père n'en disait-il rien à son propre fils non plus ? Le regard de Louise se mouille. Le petit Henri était si discret. Possible que lui se soit confié à son « parrain », ils étaient très proches tout les deux. Ils marchaient des heures, le soir, en parlant de football, de livres. C'était devenu une vraie cérémonie, cette balade. Malgré ça, et chez Henri, et chez Monsieur Raphaël, il y avait cette distance, ce silence obstiné sur leur existence d'avant.

Et leur nom de famille ? On ne l'utilisait pas ? Louise se

trouble, hésite. Ces gens-là, à la campagne, les paysans s'en méfiaient un peu. Alors on disait « Monsieur Raphaël », c'était neutre, passe-partout, et le petit Henri n'avait pas eu de problème. Au contraire ! Sur la photo qu'elle préfère, Louise fait remarquer que c'est lui qui arbore le drapeau de la société de gymnastique. Cuissettes immaculées, torse avantageux, pose quasi militaire : avec le recul, le cliché exhale un kitsch douteux. En rang, la saine jeunesse réveille trop de morts. Louise continue, intarissable, évoque ses voisins libristes qui emmenaient Henri au culte, la poésie de Noël déclamée devant les fidèles.

A la fin de la guerre, on l'avait reconduit à la gare de Lausanne. Dans le convoi pour Lyon, Henri était seul. Monsieur Raphaël avait disparu de son camp à la faveur d'un rendez-vous chez le dentiste. On avait dû finir par le dénicher quand même car l'année suivante, on avait réinvité Henri pour les grandes vacances. Il était arrivé fin juin ou début juillet 1946. Le premier soir, lors de la promenade rituelle, on avait croisé le fils D. sur son tracteur. « Ah, il est revenu, le p'tit youpin ? » Louise en bégaie d'indignation, rendez-vous compte, en plein procès de Nuremberg, avec ce qu'on savait, les images, les journaux, tout.

Et après ? Avaient-ils correspondu, l'avait-elle revu ? Louise tourne la page de l'album, le referme d'une main catégorique. Quelques cartes de vœux, oui. Et une rencontre, par hasard, en automne 1973. Cet homme élégant, de dos, devant la librairie de la rue de Bourg, pas de doute, c'était le petit Henri. Louise l'avait reconnu à l'implantation des cheveux sur la nuque. Elle l'avait si souvent baigné, savonné, séché ! Il était venu d'Evian en bateau avec des amis. Henri ! Tu n'as pas changé. Louise. Toi non plus. Et Monsieur Raphaël ? Décédé, d'un cancer. Et parrain, et marraine ? Décédés, eux aussi. Et toi, Henri, marié, des enfants ?

La vie, quoi. On était resté dans le vague. On avait éludé le passé, comme d'habitude. On était pressé, on avait un programme, un horaire, des activités importantes. Comme tout le monde. Et on s'était séparé sans promesse, sans mensonge. Comme ça.

« *Cet enfant vous a maintenant quitté et nous voulons encore vous exprimer notre sincère gratitude. Grâce à vous, il emportera de son séjour en Suisse le meilleur des souvenirs* ».

(Lettre du Comité Vaudois d'aide aux enfants d'émigrés, adressée au père de Louise en date du 24 septembre 1945).

LE MATCH A LA RADIO

Mes copines adorent la coupe Romanoff, moi je ne jure que par la coupe du Monde. C'est que chez moi, le gène du ballon rond s'est trompé de sexe. Tout ça à cause de Max qui regardait le match à la radio.
Max, mon grand-père, n'avait que des qualités. Sa passion pour le foot n'était pas la moins noble à mes yeux, elle transcendait nos dimanches partagés, et Dieu sait s'il y en eut. Rien n'égalera jamais les vacances passées chez mes grands-parents. Ma présence chamboulait leur agenda à mon seul profit. Délivrée de mes cadets j'y savourais les privilèges de l'enfant unique. Chaque jour était un anniversaire et le dimanche était un vrai gala.
 Ça commençait au petit déjeuner. Levés tard mes hôtes s'y révélaient d'une remarquable bonne humeur. Transfigurée, opulente, la collation avait tendance à s'éterniser. Vers dix heures cependant ma grand-mère se ressaisissait, nous pressait un peu. Le dîner à préparer, l'horaire à tenir. « Le match de ton grand-père, c'est sacré, tu comprends ? » Pour comprendre, je comprenais très bien. Max était le chef, Max commandait et Marie, sa femme, obéissait. Aussi quand midi sonnait à la pendule neuchâteloise, le repas fumait très haut sur les chauffe-plats.
Dans mon assiette, la traditionnelle purée creusée de lacs caramel, la saveur laiteuse relevée des sucs concis du rôti. Au dessert, des fraises sous leur couette vanille, des charlottes cannelées ou des pommes au four, leur œil borgne piqué de raisins de Corinthe, leur peau cisaillée de cicatrices de cristal. Le café, enfin, avec le droit exclusif de tremper un carré de chocolat dans la tasse de l'un ou de l'autre.

Suivait alors la lancinante, l'interminable attente. Max tournait en rond, les pouces dans ses bretelles. Marie débarrassait en silence, puis se réfugiait à la cuisine où la vaisselle prenait un bain lustral prolongé. Préoccupé, le regard braqué sur le cadran de sa montre, Max retardait son plaisir. La cérémonie exigeait quelques aménagements. Le fauteuil à oreilles en était la principale victime. Déplacé de son groupe d'origine, il était traîné sur trois bons mètres de tapis récalcitrant, et amené, solitaire et nu, devant la radio.

Le poste me paraissait énorme. Il m'était strictement interdit d'y toucher. Sa boîte arborait dans sa partie supérieure une vitre noire marquée de lettres blanches que parcourait un curseur radium. En hiver, le mercredi soir, dans la pénombre du concert classique, j'y fixais une lumière qui battait la mesure de mes émois musicaux jusqu'au moment où, impitoyable, Franz Walter m'envoyait au lit. Ma grand-mère, elle, y souriait aux anges lorsque Wilhelm Backhaus en personne nous faisait l'honneur d'une visite. Mais ce que mon grand-père y voyait le dimanche était inaccessible au commun des mortelles : les meilleurs matchs de football de Suisse, ni plus ni moins.

Sa cuisine rangée Marie nous installait loin derrière Max, à la petite table devant la fenêtre. Après l'avoir déblayée de ses Feuilles d'Avis et de ses catalogues de tricot, elle y étalait mes jeux préférés, échelles, dames ou nain jaune. A peine avais-je fait rouler mon dé sur la nappe que Squibbs s'annonçait du Wankdorf. Max, assis et contraint depuis de longues minutes, se retournait d'un bloc, l'index sur la bouche, la pupille en furie. Marie baissait l'épaule. Le rideau s'ouvrait sur les trois coups de mon palpitant. Les encouragements bruyants des supporters masquaient l'entrée en scène des acteurs. Charitable, Squibbs répétait les noms, les attributions. A cette énumération, Max développait de curieuses réactions. La composition des équipes le soulevait régulièrement de son siège ou l'embarquait dans d'incompréhensibles monologues. Le déroulement du jeu lui-même provoquait ensuite des associations syntaxiques que je savais par cœur. Modernisées, actualisées, elles me servent encore aujourd'hui dans la chaude et virile promiscuité des pelouses du Servette. On y parlait de Kiki Antenen, trop jeune en attaquant, de Hügi, indispensable en centre-avant, de celui-là, trop vieux en « inter ». On y fustigeait le demi incontrôlable. Et Fatton ceci, et Neury comme ça, les arrières pas assez prompts, les ailiers trop au centre, les qualificatifs défilaient, invariables, la relance déficiente, le repli lamentable, Bickel un artiste, Vonlanthen, un orchestre symphonique, les Suisses allemands inventifs, les Suisses romands trop impulsifs, les « fouls » injustifiés, les « goal-keepers » héroïques, les « offside » contestables. Et les goals toujours pour demain.

La première mi-temps liquidée, Marie allait préparer le thé. Max se levait, se dégourdissait les jambes, sautillait en lui emboîtant le pas. Tacle léger ou faute de main, le rapprochement restait impuni. Touchée au but, Marie fondait, incapable de résister à la prunelle radoucie. Alors, radieux, Max revenait en sifflotant, le sucrier dressé comme un trophée.

Il s'asseyait à ma table, louait ma sagesse. Je lui posais les questions classiques, éternelles. Le hors-jeu à la radio me donnait déjà des kilomètres de fil à retordre. La deuxième mi-temps était censée éclairer ma lanterne. Son fauteuil réinvesti, le corps aimanté au poste, Max gesticulait, applaudissait, me prenait à témoin, les bras en V, le torse incliné : « Regarde, tu as vu ? C'est ça, exactement ça. Sur le centre venu de la gauche, Kiki était un poil trop près du but. Tu as compris maintenant ? »

A chaque fois, Marie s'insurgeait. Une meringue dans la joue, sa cuillère à crème en balancier, elle criait : « Laisse-la donc, Max. Tu l'ennuies, à la fin. C'est une fille, pas un garçon ! »

Marie avait des certitudes, Max, de l'imagination. Ils étaient faits l'un pour l'autre.

PETUNIA

La chatte est d'un beau noir de laque. Benjamine d'une imposante série, à voir le cuir usé de son collier. Sur la médaille gravée à son nom, un numéro de téléphone.
Communément, un chat est un chat. Juridiquement, Pétunia est une chose. Or, dans les contes et dans la vie, il n'est pas rare que les choses prennent le pouvoir.
C'était au printemps dernier, un matin vers neuf heures. Gracile, à peine nubile, Pétunia a sauté sur la balustrade devant la cuisine. A la recherche de son équilibre, elle a d'abord vibré sur ses pattes tendues, le dos circonflexe et la queue hérissée. Puis, en danseuse sur ses coussinets, elle s'est aventurée dans une suite de pas peu académique et risquée. Enchaînant les jetés battus acrobatiques, les glissés fouettés chaotiques, elle s'est soudain ramassée dans une sorte de demi - arabesque arrière, son œil impérieux fiché droit dans ma vitre avant de verser d'un bloc dans la plate-bande.
Etourdie ou cabotine, elle est demeurée là, longtemps, roulée en boule, pâté d'encre sur la page violette des iris. Moi, je ne me suis pas manifestée. Je le sais trop bien, j'attire les chats et les chats m'attirent depuis l'enfance. Si nos coups de foudre sont bénins, j'ai appris à me méfier de nos liaisons, elles finissent toujours mal. Avec les années, les ruptures deviennent insupportables. Alors je me préserve, je calcule mes attachements au plus près. Tous mes attachements.
Pétunia est revenue chaque matin pendant dix jours. Au onzième essai, elle a réussi le grand bond en avant, atterrissant sur le rebord de ma fenêtre. Sa partie était gagnée. Je l'ai invitée à entrer et mon quotidien s'est transformé. Mon

panier a changé de ménagère. J'ai acheté du lait, moi qui n'en bois pas, j'ai suivi les publicités spécialisées à la télévision, moi qui les trouve immorales, j'ai reniflé des croquettes, humé des barquettes, soupesé, comparé, traqué le colorant ou l'additif superflu.

J'ai prié le boucher rouquin du supermarché de me procurer du poumon, du rognon, de la rate et du foie. Ce grand ami des bêtes s'est fendu en quatre pour me satisfaire. Nous avons sympathisé, j'ai fini par lui avouer la vérité et mes scrupules : Pétunia n'était pas à moi, Pétunia délaissait ses propriétaires à mon profit, Pétunia s'installait. Que je la garde ou que je la chasse, j'étais en faute, doublement condamnable. Le rouquin m'a rassurée, acquittée de bon cœur.

Pourtant j'imaginais la détresse de la Mère Michel, petite vieille esseulée dont Pétunia était la principale raison de vivre, je l'entendais se plaindre à son unique visiteuse, l'infirmière itinérante, laquelle lui répétait que non, Madame Michel, les numéros de téléphone ne sont pas pour les chiens, quelqu'un va finir par s'annoncer, vous verrez...

Ainsi, débuté dans les remords et la pluie, le mois de mai consacra un amour interdit. A peine m'étais-je levée que la chatte arrivait. Mon lit était réinvesti, mon duvet traversé de lames profondes.

A midi, campée devant mon frigo, elle me disputait mon repas. Puis, rassasiée, elle me volait la méridienne pour une longue sieste dont elle n'émergeait que pour sa « crise de folie » de fin d'après-midi. Le mois de juin fut torride, qui nous réunit le soir sur la terrasse pour d'inépuisables jeux de balles et de ficelles.

A la nuit tombée, impitoyable, je continuais de la renvoyer chez elle. Elle se résignait, l'oreille et la moustache en berne, montait en zigzaguant derrière la maison, traînant de buissons en bosquets, de voisins en voisines, brouillant les pistes à dessein.

Dès cet instant, son absence me pesait, mon appartement

était un théâtre éteint. Disparus les flashes de son pelage crépitant sous la caresse, son ombre fluide entre les rideaux, la fumée de son corps autour des fauteuils...

Le 9 juillet exactement ce fut la révolte. Expulsée, Pétunia refusa d'obéir. De la lune pleine jusqu'à l'aube, campée devant l'imposte de la salle de bains, ses miaulements incessants ont sous-titré mes cauchemars en rouge. Le moment d'agir était venu. J'ai composé le numéro fatidique.

La mère Michel était un monsieur. Artiste peintre et voyageur solitaire, son goût de l'indépendance s'appliquait à tous et à tout. Pétunia était sa « chose », mais Pétunia était libre, idéalement libre. Elle m'avait élue, il s'inclinait. Et se réjouissait beaucoup de faire ma connaissance.

Ce mois de juillet, nos conversations ont duré des heures, sous le regard égyptien de Pétunia en bibelot, belle comme un sphinx de basalte sur ma bibliothèque orientale.

EMMÉNAGER

Lausanne, Administration Communale. Mercredi, 11 heures. Entre deux déballages de cartons je viens m'inscrire au contrôle des habitants. Rite de passage. Je suis émue. Une fiancée le jour de ses noces ! Dans quelques minutes, j'aurai officiellement une nouvelle adresse, et le lieu où je réside depuis sept jours « avec l'intention de m'y établir » deviendra mon domicile civil et politique.

Pas âme qui vive, ni dans le hall, ni dans le bureau d'entrée. Au bout du couloir mon unique prédécesseur patiente sur sa chaise, des paperasses plein les mains. Soupirs entendus, les deux cabines de service sont au rouge. J'en profite pour suivre le conseil affiché au mur, je « prends de l'avance » et remplis le formulaire adéquat. La mention « origine » m'arrête un instant. Grâce aux parcours industrieux de mes ancêtres paternels, j'en possède plusieurs. Les règles désuètes mais toujours en vigueur du droit de cité me reviennent en mémoire : A Lausanne, je suis Lausannoise. Bon, la date, la signature, ma cabine passe au vert, j'entre et je referme la porte sur mon passé.

Le présent sent la sueur et le parfum. Derrière son guichet, le préposé me paraît immense. Cadrage obligé sur son ventre et le tissu moiré de sa chemise verte. Inclinaisons et salutations mutuelles n'interrompent pas la discussion en cours avec sa consœur de la guérite voisine. On y débat de ce que l'administrée précédente aurait dû faire, du papier que la régie n'a pas délivré... Je tends le mien. On s'en empare, on l'observe, on le parcourt d'un stylo distrait. J'attends. La main municipale réapparaît, quémande, s'agite, contrariée. J'hésite et je propose mon acte d'origine, aussitôt recalé. Un index impérieux se met à tapoter le comptoir. La tension monte. J'essaie le livret de famille. Ouf ! Les longs doigts blancs frémissent, feuillettent, emportent, puis ramènent le document gagnant.

Une voix descend des cieux, me demande si j'ai déjà habité Lausanne ? Je jure que non, puis, sur le mode léger et ne croyant pas si bien dire, j'ajoute que je suis une « Lausannoise de l'étranger ». Silence de bronze, percé d'un laconique « Ça vous fera vingt francs », silence de plomb, si persistant qu'on entend crisser mon giacommetti tout neuf. Lorsqu'on me rend ma monnaie, on se baisse un peu, on me remercie et, miracle, on me sourit. Collier de dents parfaites. Ma cabine s'illumine comme le Titanic avant le naufrage. Ca y est, la cérémonie est terminée, les époux comblés, que la fête commence ! Le contrôleur des habitants me glisse une méchante feuille A4 jaune canari, pliée en deux. La liste des différents services administratifs « pour faciliter votre intégration ».

C'est à cette minute précise, juste après ces signes réconfortants de fraternité humaine, que mon destin va basculer. Une question banale, un renseignement de routine :

– Pour les prochaines votations, ça se passe comment ? On m'envoie ma carte d'électrice à la maison ?

– Il y a un délai, Madame, vous ne pouvez pas voter sur le plan cantonal et communal pendant trois mois au moins. Article 5 de la loi cantonale sur l'exercice des droits politiques (LEDP).

– Mais le 29 novembre, alors, pour le fédéral ?

– Le législateur est prévoyant, rassurez-vous. L'article 7 du Règlement du 1er novembre 1989 d'application de la loi du 16 mai 1989 vous attribue une carte spéciale dont la validité est limitée au scrutin en vue duquel elle vous a été délivrée. Elle vous sera retirée lors du vote, dans les locaux du Registre civique.

Patatras ! Me voilà déchue, interdite, rejetée à peine arrivée. Moi, bourgeoise de Lausanne, saine de corps et d'esprit, moi qui potasse le frein à l'endettement vaudois depuis des semaines, moi enfin que la Confédération en personne autorise à voter ou à être élue à son éminent niveau, on voudrait me priver de l'exercice aux échelons inférieurs ? Mais c'est le monde à l'envers !

Non, ma chère, c'est la Suisse à l'endroit. La stabilité du pays dépend de ces équilibres subtils, de ces souverainetés superposées. Loin de me soutenir, mes camarades, mes amis, mes parents m'ont lâchée les uns après les autres. « On ne naît pas vaudoise ; on le devient » L'adage serait euro-compatible, la chose jugée tour à tour normale, courante, pas étonnante, historiquement explicable. Et le délai raisonnable, au vu du but recherché. Le but, quel but ? Se familiariser avec les us et coutumes de la population indigène ? « Mais non, ma chère, simplement empêcher le tourisme électoral. »

J'ai réfléchi, je m'incline, les Vaudois ont raison. Trois mois, c'est un minimum pour s'habituer à être assimilée juridiquement à une incapable. Mais ce temps de carence m'obsède, m'enlève le sommeil et mes moyens. Chaque nuit, c'est le même film, le même scénario. Je suis à la frontière, quelque part entre Môtier (Fribourg) et Vallamand (Vaud). En uniforme, mais sans armes, je garde le pays. Mission impossible. La LEDP vient d'être abrogée par un Conseil d'Etat irresponsable. Voici que des armées de Confédérés, des volées de Démocrates Chrétiens, bible sous le bras, des nuées de Démocrates du Centre, *Morgenstern* au poing, des colonnes de féministes brandissant leurs quotas d'acier, des cohortes de Partisans de la Liberté, bidon d'essence à la main, et des escouades d'Alliés de Gauche, faucille entre les dents, tous fuyant leur statut de minoritaires persécutés, s'avancent à marche forcée pour déposer leurs papiers dans notre bon Canton avant des élections capitales. Je les regarde traverser, seule et impuissante face à la plus grave menace d'envahissement qu'ait connu la région depuis les troupes bernoises.

Et je me réveille en sueur, persuadée d'avoir définitivement raté mon examen de vaudois.

LECTURE PUBLIQUE

Lausanne, un mercredi après-midi de janvier. Il neige des tatouillards larges comme la main. Le vestiaire de la Bibliothèque municipale de Montriond est presque plein. « Retours » coutumiers d'après les vacances. Les enfants ont accroché leurs doudounes aux patères. Ils patientent, le nez levé, le menton important, leurs albums coincés sous le bras. S'il devait sentir quelque chose, l'endroit sentirait la craie et le tableau noir, la paroisse et le psautier romand.

Deux dames s'écartent et m'invitent à les rejoindre sur la banquette. « J'ai adoré » déclare l'une en agitant le dernier Delerm du bout de sa fourrure. « Oh ! moi, s'anime l'autre, je suis plutôt romans historiques. Je viens de découvrir les Christian Jacq sur l'Egypte. Passionnant ». Secouant les clochettes de son collier, son cocker l'approuve d'un derrière frétillant. Debout, un « baba cool », plongé dans un guide du Népal, retient nonchalamment son bâtard par le bandana.

Quatorze heures trente. Un rideau se lève, une clé chante dans la serrure. Sourire en auréole, la bibliothécaire en chef nous ouvre le paradis. Notre visite a l'air de l'enchanter. Ses collègues ne sont pas en reste. On se congratule, on raconte ses réveillons, on se la souhaite bonne et heureuse. Les habitués répercutent les dernières nouvelles. J'apprends ainsi que Madame Cuénoud va beaucoup mieux, mais qu'elle ne peut pas encore se déplacer. Pour le choix des livres, son estafette du jour préfère recourir aux conseils avertis du personnel. « Vous la connaissez, Madame Cuénoud est si difficile ! » Les propositions fusent et s'entrecroisent, bientôt ponctuées par les retentissantes exégèses littéraires des critiques amateurs du quartier. Je retiens qu'on a détesté le Houellebecq, mais qu'on se le réserve à tour de bras, pour juger par soi-même.

– Vous les rendez ou vous les prenez ? L'éternelle, l'universelle question. Echange certes minimal, mais d'autant plus précieux qu'il risque de disparaître, en ces temps de self-service et de carte à puces.

– Je les rends, et je fais mon petit tour . Ma réponse est saluée d'un hochement de tête complice. Quand la vertu sépare, le vice réunit. Il n'y a pas plus égalitaire que le vice de la lecture.

Je déambule d'allée en travée, les cinq sens à l'affût des nouveautés à glaner, des « ramenés » à grappiller sur les pas de ces anges ordonnateurs, dispensateurs et re-distributeurs de richesses, ces vestales du livre public qui s'affairent et raniment la flamme sans relâche. Je repère les mal-aimés, les laissés pour compte d'avant les Fêtes, le tome ultime du Journal de Julien Green, par exemple, ou cette récente biographie d'Offenbach. Disparue, en revanche, celle de Bruce Chatwin, ses cendres voyageuses happées par les plaines patagones. Vide également, la place de Nicolas Bouvier, parti sans laisser d'autre adresse que le monde, sa silhouette évanouie dans les roseaux d'un couchant japonais. De le savoir en route, jamais rendu, ni lui, ni ses livres, je me mets à rêver. Les palmiers de Ceylan se couchent sous les tornades, les étagères tremblent, la paroi cède sous le poids de l'azur, je m'accroche aux montants métalliques. J'entends loin, très loin, les adieux criards de la classe enfantine, ceux, reconnaissants, des emprunteurs pressés, quelques rires adolescents étouffés dans des moufles, puis, plus rien. Les volumes retrouvent leurs marques. Un silence souffle, doux et fragile, entre les pages.

Un coup d'œil au fond du local. Personne aux journaux, pas même le vieux ronchon qui monopolise les quotidiens, crayon à la main. Montriond n'a pas de salle de lecture, juste deux tables, quelques chaises, et le long de la verrière, un comptoir encombré de cartons de bandes dessinées.

Brève revue de presse. Le déficit de la Confédération est revu à la baisse, et les F/A 18 coûteront deux cents millions de francs de moins que prévu ; deux cents millions, mon colonel, combien de bibliothèques ?

Cap sur le tourniquet des périodiques. Une mine d'or, scories comprises. Les publications s'y épellent de haut en bas et de A à Z dans leurs alvéoles de plastique. Les collisions sont risquées, les collusions forcées. Ce lundi-là, *La Nation*, monument d'ordre et de tradition vaudoise, fleurète avec le numéro 2 de *Résistance*, voix du POP et de la gauche en mouvement, tandis que *Bible info* drague ouvertement *Le Libre penseur*, laïque et indépendant, sous le nez de *J'achète mieux*, bréviaire des consommateurs avisés, lequel, vilainement harcelé par l'organe du Centre patronal de Lausanne, est en train de céder aux avances d'un « *OVNI Présence* » politiquement non catalogué. Seul dans sa niche, *Domaine Public* est sérieux comme un pape. Je passe.

L'éventail offert est large. Le choix des titres est à l'image de la démocratie : de censure, délibérément point ou si peu, ma bibliothèque est publique, ses usagers, des citoyens libres, responsables et supposés capables de discernement. Sans cette ouverture, je n'aurais jamais marché dans *Le Pamphlet*, objet rampant identifié d'extrême-droite qui fume les plates-bandes de l'antisémitisme depuis près de trente ans. Et celui-là, il faut vraiment le voir pour y croire. Un antidote s'impose. Par chance, les rayons en regorgent.

– Le Gustave Roud, Madame, vous le prenez ou vous le rendez ?

LA VIEILLESSE, UN EXIL

Aux premières images de l'exode des Kosovars, c'est pour eux, les vieillards, que mon cœur a saigné. En dépit des destins opposés et des cultures différentes je les ai reconnus. Ils ressemblent aux miens, à ceux que j'ai perdus, à ceux que j'aime aujourd'hui et que je perdrai demain. Même maigreur, mêmes gestes de repli, menton collé sur le sternum, mains paravents, doigts sarments noués en visière sur le front. Et, dans le regard, ce détachement du grand âge qui nous exclut, parfois nous nie. Pourchassés, abandonnés dans la glaise gelée d'un asile étranger, les premiers mourront dans les linceuls de l'aide internationale. Leurs arrière-petits-enfants les béniront puis reprendront leur errance. Devant eux, malgré tout, la vie.

La Suisse est un mouroir moins cruel que les Balkans. Mais l'extrême vieillesse y condamne à l'exil aussi. De gré ou de force, tôt ou tard, vient le jour où nos vieux quittent leur logement. Hôpital, centre médicalisé, home luxueux ou modeste, ils y survivent le temps d'un éphémère espoir : rentrer chez eux.

Lundi de Pâques. Trois semaines que ma tante végète dans cette élégante Résidence au bord du lac. Peu de voitures dans le parking. Venues la veille, les familles se réservent ce congé la conscience tranquille. Au bout de l'allée piquetée de cèdres bleus, le jardin est une terrasse palladienne suspendue sur les flots. La bannière qui flotte au porche d'entrée de la maison signale que 1999 est l'Année Internationale des Personnes Agées.

Ma tante est posée sur le velours d'un canapé vert amande dans le salon de réception. Son visage d'ascète n'est plus que nez et menton. Sur son torse affaissé, les omoplates saillent telles des ailes brisées. Je m'approche, lui prend le poignet, l'embrasse sur la tempe. Elle sourit, tente de se lever, vacille, se rassoit de guingois. Je ramasse sa canne et lui propose une promenade.

– J'en reviens, la gentille Portugaise m'a accompagnée. Profitons de bavarder avant que les autres ne descendent. Alors, ça va à Lausanne, tu te plais ?

L'éclair qui balaie sa pupille me rassure : le présent l'intéresse encore. Ma tante a nonante ans, plus de dents, mais tous ses esprits. Je lui raconte mes expériences vaudoises, mes nouveaux voisins, des cousins retrouvés, mon prochain voyage. Elle se concentre, me suit une quinzaine de minutes, consulte sa montre et m'interrompt :

– On devrait sortir. Surtout que…la voilà qui arrive.

L'infirmière pousse une grosse femme mauve dans un fauteuil roulant. Elle l'installe au soleil devant le bow-window. A peine a-t-elle tourné les talons que la vieille se met à gémir.

– Y'a quelqu'un ? Y'a jamais personne ? Je veux partir. Mesdames, répondez, personne ne m'écoute. Y'a quelqu'un…

Le seuil franchi, ma tante se redresse comme un cintre dans un manteau. Sa démarche est assurée, presque joyeuse. Elle va mieux, elle « repique », pas de doute, elle inspire à fond :

– Cette fois, c'est vraiment le printemps.

Mais, très vite, la nuque se casse, la toque de mouton glisse sur le col et l'équilibre est rompu. Je la remets d'aplomb. Le rêve n'aura pas duré. Ma tante n'est pas ici par hasard. Elle a des malaises, s'évanouit pour un oui pour un non, elle ne peut plus vivre seule, elle est en sursis. Nous nous traînons jusqu'au banc près du môle, où nous demeurons silencieuses un bon moment. Le lac est pareil à la mer, violet jusqu'au plumage des cygnes qui paradent à nos pieds. Je murmure :

– Tu te souviens, sur la plage, à Beyrouth ?

Elle ne répond pas. Ses années libanaises, ses maris, ses parents, ses amis n'existent plus. Elle soupire, se tourne vers moi, agrippe ma manche :

– Ils sont très gentils, ici, le service est parfait, mais je m'ennuie, tu n'imagines pas à quel point. Mon appartement me manque, mes choses à moi, mes livres. Mon indépendance...

Quand nous repassons le seuil de la Résidence, il est quatre heures. Ces dames finissent de boire le thé dans la véranda, l'unique pensionnaire mâle est invisible. Au salon, on a allumé la télévision. Colonnes de réfugiés, villages bombardés. Hébétées, les spectatrices bavent sur un monde qu'elles ont enterré et des gens qui ne leur rappellent rien. Un troupeau d'éléphants leur serait plus familier.

– Tu veux monter dans ta chambre ?

Ma tante secoue la tête.

– C'est mauvais de se cloîtrer. Je me force, il faut se forcer. Et puis, on soupe dans une heure. Tu as vu mes compagnes ? La plupart sont gravement dérangées, c'est très pénible, et puis c'est contagieux. Aux repas, heureusement, ma table est normale. Et toi, tu retournes à Lausanne ce soir ?

J'acquiesce, précise que j'ai du travail, une chronique à rendre et pas le moindre début de sujet. Du fond de son siège, ma tante rajeunit de trente ans. Elle lève sa canne, et pouffe en dessinant des ronds dans l'air :

– Ecris quelque chose sur nous, sur toutes ces gagas. Et n'oublie pas de m'envoyer ton article. Promis ?

UN SI BEAU SPÉCIMEN

Ma grand-mère, je la vois encore, l'œil sec et noir pointé sur sa cible, je l'entends déclarer, péremptoire, dans un semblant de guerre qui s'amorce :
– Ce sera celui-là, et pas un autre, Madame Steiner.
La paysanne hésite, s'essuie longuement les mains sur le mitan bombé de son tablier, bleu fleur de lin, rêche comme la paille.
– C'est que... je l'avais réservé pour nous, Madame, pour l'anniversaire de mon mari. L'autre aussi, le leghorn, le gros brun là-bas sous l'échelle. Ils sont à point, vous comprenez. On sera huit, mes beaux-parents, pas si souvent qu'ils arrivent à se libérer, avec le bétail et tout...
Le Bas-Vully, l'été, la maison de famille, la fermière et son poulailler. Un paradis plein sud, les rives du lac, plus exotiques que le Rimini de mes copines. Sous le soleil à son zénith, les blés. Plus haut, les balcons maraîchers et les vignes déjà lourdes sur les coteaux sablonneux. Vacances éternelles, où les jours se suivent et se ressemblent, levers joyeux, couchers forcés, nuits gâchées d'orages et de moustiques.
– Prenez-en donc un blanc, Madame Rivier. Ou un des « pattes noires », là-bas sous le cerisier. Ils sont un peu jeunes mais vous allez vous régaler. Je vous le plumerai, si vous voulez, ça vous gagnera du temps.
– Pas question, je tiens à le faire moi-même. La petite m'aidera, elle adore ça.
D'avance, je savoure le spectacle. Ce sera dans la cour pavée d'ombre, tôt le matin. Par les fenêtres, on entend ma mère laver les tasses du petit déjeuner et mon père chanter

en se rasant. De la ferme en face, voilà que Marcel le Colosse, fils aîné des Steiner, traverse la route pour venir nous livrer le poulet. Le portail grince, les chiens aboient. Marcel me nargue, le cou brisé de la volaille sur l'épaule, telle la lanière d'un sac à dos. Ma grand-mère attend, assise sur le banc de bois, la main droite plongée dans une bassine d'eau tiède. Le poulet atterrit sur son giron. Début de la représentation : gouttelettes, pennes ou plumules, ça vole de partout, je ris, je saute au ciel, j'applaudis ma grand-mère transformée en édredon.

Ce prologue achevé, nous nous replions à l'intérieur. Devant l'évier de pierre, j'assiste, hypnotisée, aux trois opérations. Guillotinage sans état d'âme, vidange des abats aux rougeoiements obscènes, flambage des duvets récalcitrants sur la flamme bleue du butagaz, dans des relents de chair brûlée.

– Non, non, Madame Steiner, j'insiste. Je vous l'achète au prix que vous voulez, cette bête-là.

Madame Steiner temporise. Nous emmène au potager, nous balade de poireaux en haricots, puis nous refoule vers les massifs de fleurs, sa fierté. Elle y compose un bouquet de dahlias, de cosmos, de pois de senteur et de gueules de loup pourpres à la langue barbouillée de pollen. Plus les couleurs pètent, plus son sourire éclate. J'entends le sifflement du couteau sur les tiges raidies, le souffle court de la coupeuse, le craquement des genoux pliant sous la charge de son derrière placide.

– Je vous ajoute un brin d'asparagus, ça complète pas mal, l'asparagus.

Ma grand-mère remercie. Elle est de bonne humeur. Elle soupèse les tomates (mettez-m'en une douzaine, et de la même grandeur, si possible), caresse les plants d'épinards, s'inquiète de la petite taille des pommes de terre (vous n'oublierez pas mes cinquante kilos pour la garde) et s'arrête net devant les feuilles lacérées des choux.

– Saleté de chenilles, assène Madame Steiner en pur

patois broyard, le poignet cassé sur les reins. Ma fi, c'est la nature qui commande, nous, on fait ce qu'on peut, pas vrai ?

Profitant de cette diversion, je m'échappe et cours aux espaliers du mur du fond. Je cueille une poire et me fais gourmander. Les fruits ne sont jamais assez mûrs, la pêche trop rare et l'abricot exclusivement destiné à la confiture. Quant aux haies de framboisiers, elles sont inviolables, et à la ferme et à la maison.

— Et gare à toi si tu recommences, gronde la mère de mon père.

— Elle sait ce qui est bon, la gamine, apprécie Madame Steiner en me poussant vers l'écurie. Allez, viens, on va voir le petit veau !

Sur sa litière, dans la pénombre, Rosa la vache me fixe de sa prunelle immense. C'est une Schwytzoise râblée, au bassin généreux. Son veau s'est couché sur le flanc, épuisé par ses premières élévations. Je m'approche, me baisse vers lui, encouragée par la fermière. Rosa épie mes gestes sans ciller, puis me charge soudain en meuglant. Je hurle, terrorisée, moquée par les deux femmes unanimes.

— Une toute gentille, celle-là, s'attendrit la fermière en caressant le museau baveux. Mais je ne sais pas pourquoi, elle n'aime plus mon mari. Mercredi, elle a failli l'embrocher. Il voudrait l'abattre et faire boucherie. Une vieille qu'on a vu naître. Vous avez vu ses cuisses ? Autant bouffer du caoutchouc.

Ma grand-mère compatit, je pleure, je réclame ma mère, je veux rentrer.

— Alors, pour mon poulet, Madame Steiner ? Je compte sur vous.

Madame Steiner nous tourne brusquement les talons, s'engage en marmonnant dans le chemin menant à sa basse-cour. Elle claque sa cuisse droite à chaque enjambée, et soupire crescendo :

— Un si beau spécimen, nourri au grain fin, presque à la

cuillère, des semaines et des semaines, et l'autre qui insiste, pas le moindre égard pour le travail... « Le prix que vous voulez, Madame Steiner ? » Et bien, vous pouvez compter sur moi, le prix, vous l'aurez, Madame Rivier !

MYCOLOGIE

Au commencement était le chasseur prognathe et la femelle qui va avec. Elle, de Willendorf plus que de Milo, son abondante cellulite la protégeait du froid, favorisant la survie de l'espèce. Rebelle, indépendante (ses fugues répétées hors de la caverne conjugale), la femme du chasseur était cueilleuse et plutôt infidèle. Son mâle, cependant, s'obstinait à vouloir la nourrir à sa façon. S'acharnant pour cela sur de pauvres bêtes qui ne lui avaient rien fait, il stockait leurs dépouilles dans une grotte prévue à cet usage puis se mettait à la recherche de sa compagne, officiellement partie « aux champignons ».

La traque pouvait durer des semaines. Enfin débusquée, la malheureuse était rabattue dans un fourré grâce à l'appui des voisins accourus en masse. L'humiliation était à son comble lorsque le vil hominien piétinait sa récolte de lycoperdons avant de la remorquer au foyer par la tignasse. Là, enfermée dans le noir et l'humidité, surveillée et harcelée en permanence sur ce qui allait devenir son lieu de travail, la femme finit par se résoudre à la sédentarité. C'est ainsi que naquirent la cuisine et le rouleau à pâte.

Est-ce pour retrouver la liberté de mouvement de ces ancêtres vagabondes que je sillonne les forêts, l'œil et la narine à l'affût du plus modeste cryptogame ? La chasse me répugne, la pêche me laisse froide, mais les champignons, ah ! la cueillette des champignons ! Vestige de ces époques reculées, sa pratique s'est généralisée. Passant de la femme à l'homme puis de l'homme à l'automobiliste.

Regardez-le, sa bagnole planquée dans un bosquet, tomber en prière devant un « rond de sorcière », narguer les promeneurs bredouilles d'une poignée de pieds violets, étaler spores et lamelles sur son capot en commentant au natel l'importance de sa prise. Devant ce spectacle, le doute n'est plus possible : le champignon est un virus originel, probablement héréditaire, et qui survivra à l'ère de la technique.

Moi, à ma première attaque, j'ai cinq ou six ans et je suis seule avec papa. Il a mis son pantalon de velours côtelé, ses souliers militaires et son béret basque. Le canif rouge pend à sa ceinture, au bout d'une chaînette d'acier. Il porte le panier de ma mère, celui du marché. Cet attribut détourné lui donne un air vaguement comique. Il s'accroupit pour rajuster mon bonnet. Puis de sa voix grave, il fixe les règles du jeu : interdiction absolue d'arracher, d'écraser ou de toucher un champignon. Je promets.

C'est l'été indien, un début d'après-midi. Le stratus vient de se déchirer. Le sous-bois est touffu, encore gris de fumées rampantes. Tout de suite, nous marchons trop vite. Je lambine, je rechigne, j'ai froid dans mes bottes caoutchouc...

Deux champignons précis marquent cette expérience. Une féerique amanite tue-mouche (qui disqualifiera à jamais les illustrations de mon livre de Bambi) et, le long d'une clairière, ces trois rangées de polypores des brebis dont la profusion justifie l'arrêt prolongé de notre petite troupe.

La mycologie est contagieuse, elle a atteint ma mère, mes cadets, des kyrielles d'amis en chaussettes rouges et leurs enfants. Dans les Préalpes, sur les crêtes du Jura, dans les sapinières ou sous les foyards, elle anime nos randonnées. Papa est un redoutable pédagogue. On ramasse tout ce qu'on trouve et au retour on étend la moisson sur un vieux journal. On recense, on contrôle, on trie en famille sur la table de la cuisine, le nez et le crayon dans les guides. Papa les préfère avec des dessins, maman trouve les photos plus fiables.

Moi je me régale de la poésie de tous ces noms bizarres. A mon oreille, l'aristocratique Inocybe de Patouillard décroche le pompon. Et quelles couleurs ! Pézize écarlate, entolome livide, strophaire vert-de-gris, russule dorée. Mon odorat également s'affine : clitocybe, tricholome, meunier, je repère l'anis, le savon, la farine, avant le camphre et bientôt le cadavre, en imagination. Mon toucher glisse du visqueux d'un cortinaire au glutineux d'un gomphide, dérape sur les écailles d'un épervier, pour rebondir sur la langue élastique d'un trémellodon gélatineux. Mon goût évolue, varie selon les mélanges que mon père compose comme des bouquets.

Papa jette les réprouvés dans la poubelle, change de journal et s'attelle à la corvée de nettoyage. Il gratte la terre et les aiguilles, élimine les chapeaux trop spongieux, pèle ou raccourcit les pieds fibreux. Des vers s'en échappent, leurs virgules blanches se tortillent sur le bois sombre. Derrière nous, la cuisinière se prépare à prendre le relais. Elle hache les échalotes, émince l'ail et le persil, graisse la poêle, ou chauffe l'eau du blanchiment.

Aujourd'hui maman achète ses agarics au supermarché. Papa ne court plus les bois, à cause de cette arthrose dans le genou. De toute façon, le Communal, le Jura ne sont plus ce qu'ils étaient. Dévastés, ratiboisés, un désastre écologique. Le chômage, la retraite anticipée, les escouades de cueilleurs au portable et à la lampe de poche ont gâché le métier. Au village, Monsieur Stauffer, roi de la morille jaune, est mort sans héritiers. Quant à Monsieur Luthi, il veut bien céder quelques bolets bais de temps à autre, mais nous dire où sont ses coins, même pour de l'argent, pas question. Je le comprends. Le virus mycologique ne s'achète pas, il se mérite.

Justement, mon fils a fait une grosse rechute fin septembre. Lui qui utilise sa voiture pour descendre de cent mètres sur le Pod chaux-de-fonnier, il a marché trois jours dans l'Oberland bernois pour quelques clitopiles de plus. Et le voilà déjà qui me fait la leçon. Il paraîtrait qu'un bon nombre des espèces que je dédaigne sont délicieuses au vinaigre. « Evidemment, c'est du boulot ! Tiens, je t'en ai apporté un bocal. Au grand-père aussi, il n'en revenait pas ! »

NI FLEURS NI COURONNES

Novembre, mois des morts. Journaux, expositions, débats et soirées thématiques, depuis quelques semaines le requiem est général. Thanatologues et thanatophiles tirent la sonnette d'alarme, l'Occident développé est en train de perdre ses rites funéraires, la Suisse ne fait plus ses deuils correctement, le psychisme collectif est en danger. La faute à qui ? A nous les vivants, ça va de soi. Les morts n'ont rien à voir là-dedans, les morts sont des victimes aussi innocentes que l'enfant qui vient de naître.

Je proteste vigoureusement. J'objecte que les morts participent de leur plein gré à cette préoccupante évolution. Si la tendance est à l'escamotage, je prétends que les torts sont partagés. Prenez les avis de décès, le « désir du défunt » y fait la loi. Que le nôtre soit sans cesse bafoué n'apparaît jamais. Résultat : la cérémonie, quand elle a lieu, se conjugue au passé. Elle a eu lieu. Et dans la plus stricte intimité. Souvent sans messe ni psautier, ni personne pour prononcer quelque éloge que ce soit. L'inhumation reste sans suite, les cendres sont dispersées dans l'anonymat d'une tombe commune.

Les mauvaises langues prétendent que ça nous arrange. Non, la vérité c'est que les nouveaux morts nous ressemblent. Individualistes forcenés, ils sont devenus asociaux. Peu solidaires, ils ont perdu jusqu'au sens de la famille. Ils ne font plus confiance aux vivants, ne s'abandonnent plus comme autrefois. Obsédés par leur image, ils veulent garder la main, contrôler les choses jusque dans les ultimes détails.

Nous les vivants, notre situation est impossible, quoi que

nous fassions nous sommes perdants. Si nos morts nous privent de la tradition, s'ils crachent sur des pompes qu'ils jugent rétrogrades, le mépris qu'ils se portent rejaillit sur nous. Et s'ils se décident pour de vraies obsèques, c'est pire. Sous prétexte de nous aider, de ne pas nous déranger, il n'est pas rare qu'ils organisent leur propre enterrement par avance, à notre insu bien entendu. Les perfectionnistes rédigent leur faire-part point par point, verset compris, de peur que nous oubliions quelque lointain cousin ou que nous nous contentions d'un simple *Dieu est amour*, ce qui les laisserait éternellement sur leur faim spirituelle.

Que chacun reprenne son rôle ! Que les vivants enterrent leurs morts dans la douleur et l'ostentation. Que les morts s'acceptent comme tels. Et qu'ils se nomment quand on les appelle.

Lausanne, deux novembre dernier. Pluie battante, ciel catafalque, l'ambiance est appropriée. Je me lève de bonne humeur, le cœur noyé d'amour pour mes chers disparus. Répartis qu'ils sont aux quatre coins du pays, je ne pourrai pas les voir tous aujourd'hui, je me contenterai de ma marraine, réduite en poudre à Montoie depuis mars 1997.

En buvant mon thé je pense à tous ceux qui l'ont précédée. Un fameux cortège qui grandit chaque année. Les grands-parents arrivent en tête, deux par deux, comme il se doit. Je revois nos Pâques, nos Noëls, mes vacances avec eux. Chez les uns et chez les autres, on est plutôt gai, mais on sait parler des morts à l'enfant que je suis.

Ma préférée est une tante que je n'ai pas connue, belle jeune fille emportée à dix-huit ans par la poliomyélite. Je ne me lasse pas du récit de son ensevelissement, l'église bondée, les lys blancs autour de son visage d'ange. J'en redemande, j'exige des précisions. Ma grand-mère pleure, je pleure avec elle. Ma cruauté inconsciente l'allège de son fardeau.

Les morts « morts à la maison » sont la spécialité de la grand-mère parallèle. Toilette mortuaire, veillées, cierges, ombres mouvantes sur les murs, condoléances chuchotées dans les mouchoirs de baptiste. Les morts se concrétisent, m'inscrivant peu à peu dans ma lignée puis dans ma vie d'adulte. Les deuils nouveaux s'y succéderont, certains supportables, certains tragiques mais jamais abstraits, jamais soustraits, car toujours célébrés dans les règles, avec la solennité nécessaire.

Jusqu'à cette vieille marraine que la maladie avait rendue acariâtre et autoritaire. Ni fleurs ni couronnes, pas de culte, la fosse commune : tel était son désir. Nous avons résisté, nous lui avons désobéi. Elle a eu la chapelle, un pasteur, des dahlias, de la musique. Nous lui avons concédé la crémation et le Jardin du Souvenir du centre funéraire.

J'y suis venue à pied, tout en noir sous un parapluie turquoise. A l'entrée, ce chat roux sous la guérite du magasin de fleurs, on dirait le mien, feu le chat Marcel. Bravant la pluie, il accourt, l'échine parcourue de longs tremblements, s'essuie les flancs à mon pantalon pendant que je consulte le plan.

Les lieux sont déserts. A ma droite, sous les grands arbres, une poussée de champignons que je n'arrive pas à identifier. Je m'attarde devant le tombeau de Charles Bessières, l'homme du fameux pont des suicidés. Sous son nom, une inscription, « Lausanne reconnaissante ». Je l'entends protester, faussement modeste, qu'il n'y a pas de quoi. Le chat me suit. J'oblique sur ma gauche, je musarde, lis les dédicaces, relève les dessins gravés sur les stèles (cors de chasse, épis de blé). Les dalles sont décorées de frais. Les morts ont eu de la visite, on a déballé leurs cadeaux, pourpres, ocre ou violets, les chrysanthèmes affichent la couleur. Partout, des lumignons, bougies d'un premier août qu'un géant orange a recyclées. La pluie chuinte en s'écrasant sur leurs couvercles bouillants. Plus loin, les columbariums sont des prisons dépeuplées, les niches ont des barrières rouillées, de rares urnes délavées.

Je traîne dans les allées cinéraires, retardant le moment de la salutation à la morte. Je répète mon discours. Il doit être digne et signifiant, assez personnalisé pour qu'elle consente à se distinguer du magma communautaire.

Je me rassure bien vite, ma marraine, c'était quelqu'un. Un sacré sale caractère mais une nature si généreuse. Et un de ces rires ! A réveiller les morts. Il serait vraiment difficile de la louper.

HEIMWEH

Le 19 novembre, après l'Allemagne et l'Autriche, avant Londres et Paris, le groupe *Neiriz* donnait un concert de musique iranienne à Lausanne. Composé de six musiciennes virtuoses, Neiriz doit beaucoup à sa chanteuse, Pari Maleki. En février 1998, en effet, et pour la première fois depuis la Révolution, cette pionnière se produisait, ô miracle, devant un public mixte au festival *Fajr* de Téhéran. A une époque où la voix des femmes était encore interdite à la radio et à la télévision, les observateurs du régime de Khatami y avaient vu un heureux présage de changement.

Le grand hall du collège des Cèdres est plein à craquer. La promotion de l'événement est pourtant restée très discrète. Difficile dès lors de juger si ce périple européen relève de la simple propagande ou d'un véritable désir d'ouverture. Mais est-ce si important ?

Le spectacle promet d'être exceptionnel, sur scène et dans la salle. Celui de la diaspora iranienne réunie ici justifierait à lui seul le déplacement. On se croirait revenu aux cocktails chic et choc de l'Empire défunt. On papote en buvant du thé, on grignote des sandwiches et des friandises, on s'embrasse, on s'incline, on se complimente. La demi-heure de retard sur l'horaire annoncé n'offusque personne. Quoi de plus oriental en effet que cette notion du présent extensible.

Pour ma part, accompagnée d'une amie téhéranaise devenue neuchâteloise il y a trente ans, le temps me paraît bien trop court pour me replonger dans l'ambiance. M'imprégner des sonorités lyriques de cette langue expressive, et m'effrayer par là même de ne presque plus la comprendre.

M'émerveiller de l'intangible beauté des femmes. Partout ces opulentes chevelures noir corbeau, ces profils ciselés dans l'ivoire, ces yeux de biches fendus de charbon jusqu'aux tempes. Décidément les Shéhérazade d'antan n'ont pas changé, elles sont toujours là, en fourrures et bijoux, riches en leur exil comme dans leur vie d'avant.

Les musiciennes sont posées en rang d'oignon sur leur chaise, à l'avant de la scène. Elles ont de longues robes sombres, l'épaule triste, la tête recouverte et le regard voilé. Assise à ma droite, une dame parfumée croise et recroise ses jambes de satin en soupirant. Elle a décidé de s'ennuyer. La musique classique la fait bâiller. Elle n'est venue que pour accompagner son mari et son beau-père, alignés à ses côtés.

Aux premières notes du *khanoun* cependant, je la sens frémir, elle d'abord, eux ensuite, l'ensemble de la rangée enfin. Les gens se regardent, interdits, muets. Comme atteints d'une douleur qui s'amplifie au rythme toujours plus lancinant du *daf*, les corps se recroquevillent, les mentons plongent dans les cols. Les mains des uns cherchent les mains des autres. Ma voisine hésite puis cède la sienne à son compagnon. Le *heimweh* pince toutes les poitrines.

Quand le son aigre et vibrant des cordes du *kamancheh* déchire l'espace, quand la voix rossignol module les plaintes de l'amour contrarié, les dernières défenses de l'assistance tombent d'un coup. On renifle sans plus se retenir, on tousse son émotion, la main droite crispée sur le cœur.

Une vague me submerge à mon tour. L'Iran n'est pas mon pays, mais le *heimweh* n'est pas nationaliste. Contrairement à sa traduction littérale, il ne connaît ni foyer déterminé, ni patrie exclusive, il est universel et généreux. Il vous empoigne par surprise, où que vous vous trouviez, d'où que vous veniez. Et là, c'est mon Iran à moi qui revient, avec les jours heureux, la naissance de mon fils, les rudes paysans du Mazanderan, le goût du pain *sangak*, l'odeur de naphte des petits matins d'hiver à Téhéran. L'Iran de mon premier Noël à l'étranger...

C'était chez des amis, collègues d'une organisation internationale. Je me rappelle le « sapin ». Un pin aux longues épines auquel on avait attaché des oranges et des cadeaux. La femme du *project manager* avait mis les petits plats dans les grands. Les dindes étaient importées, les marrons aussi, le caviar acquis au marché noir et au meilleur prix chez Ali de *Takhte Jamshid*, le vendeur à la sauvette préféré des *farenguis* (étrangers). La vodka russe et le whisky coulaient à flots.

Chaque participant a raconté ses Noëls d'enfant. Finlande, Autriche, Italie, Ecosse, Angleterre, Roumanie, Tchécoslovaquie, Yougoslavie, les différences étaient minimes et tenaient essentiellement à l'opacité du rideau de fer. Ce n'est que plus tard, au dessert, quand l'assemblée a entonné *Holy night*, que le *heimweh* a frappé et que les esprits ont chaviré.

Complètement ivre, notre ami Drago s'est effondré. Il a confessé un compte caché en Suisse, s'est accusé en hoquetant d'être un mauvais communiste. Frantisek nous a raconté sa carrière universitaire brisée et ses deux fils laissés en otage à Prague après le Printemps. Dorothy a pleuré sur sa mère, regretté de n'avoir pu entreprendre le voyage pour l'enterrer. Monika et Matthias se sont engueulés avec Claudio à propos du Tyrol du Sud.

Puis, lentement, la tension s'est déchargée. On a décidé de nous rendre au Hilton pour téléphoner à nos familles. Je me souviens de la voix tremblée de ma mère, alarmée plus qu'heureuse de cet appel tardif. J'ai demandé des nouvelles de tous et des senteurs familières de pain d'épice et de mandarines avec des fumets d'oie rôtie se sont faufilées entre ses paroles décalées par la distance.

A Lausanne, la première partie du concert de *Neiriz* achevée, on a glissé de la nostalgie du chant classique à la jubilation des chants traditionnels. Mon amie Firouzeh fredonne et se déhanche sur les notes endiablées des folklores régionaux. La salle exulte, siffle et trépigne, jusqu'à ma voisine de droite qui se tape la cuisse malgré les remontrances de son mari.

Balançant leur coiffe brillante de sequins, les musiciennes s'enhardissent. Pour cette deuxième partie de leur concert elles ont troqué leurs tenues strictes pour des costumes chamarrés. Leurs visages bientôt roulent sous les mèches folles. Malicieuse, la chanteuse ouvre les bras, nous jette des mots d'amour comme des pépites. Malihe, impériale, caresse le *khanoun* de ses dix doigts virtuoses. Narguès, la rougissante benjamine du début, nous jauge sans cligner, le sourcil conquérant. Lorsque Parvaneh remonte le *tar* sur son ventre, son regard s'illumine et prend feu.

Ce soir-là, n'en déplaise aux ayatollahs, dopées par notre accueil, transfigurées par le plaisir de jouer, les six Iraniennes de *Neiriz* ressemblaient aux artistes du monde entier. Elles n'avaient qu'une patrie, la musique, et nous la partagions.

LES TRIBUS ÉLECTIVES

Claudine n'en revient pas.
– Des vacances en communauté ? Chapeau ! Moi, jamais je ne supporterais, même avec les meilleurs amis, je suis si indépendante, si sauvage.
Et Pierre d'ajouter :
– A l'hôtel ou en voyage, pourquoi pas. Et le soir, ça passerait. Mais socialiser aux aurores...un cauchemar !
Bientôt vingt ans que le noyau dur de ma tribu d'élection résiste aux vents et aux marées. Vingt ans qu'entre nous, dans une maison louée ou prêtée, au fin fond du Jura ou en pleine mer, à Pâques ou à la Trinité, tout commence effectivement au petit déjeuner.
Il est loin le temps où les enfants nous condamnaient à un minimum de planification quotidienne. Depuis qu'ils se sont envolés, nous avons renoncé aux programmes trop contraignants. Nos journées sont libres, sans autre obligation que celle du ravitaillement. L'horaire, c'est vrai, a souvent des ratés, mais l'âge nous a rendus flexibles. Modernes.
En somme, notre tribu a plutôt bien évolué. Certes, elle s'est ridée, elle a grossi, maigri puis regrossi. Des défections ? Nous avons regretté les anciens, agréé les intermittents, intégré les nouveaux. Malgré ça certains mécanismes, certains rôles ont subsisté, immuables. Comme dans un vieux couple.
Le matin, par exemple, il y a deux thés, plusieurs cafés et un seul cacao. Par chance, ce dernier est aussi le premier levé. Et lavé, ce qui a son importance vu l'occupation pléthorique des salles de bain. Voilà vingt ans qu'à l'aube, ce héros de l'intendance sort le chien, met le couvert ou relave

celui de la veille si la soirée s'est prolongée, moud l'arabica, chauffe la théière et grille le pain. Vingt ans que, ces tâches accomplies, la moustache mousseuse de chocolat, il savoure sa fragile solitude avant le grand débarquement.

Car entre lui et celui qui émerge le dernier aux douze coups de midi, la table ne désemplit pas. Là encore, des constantes perdurent, à peine transformées. Celles qui souffraient d'insomnies maternelles les ont vu s'aggraver, elles ont aujourd'hui les yeux plus chiffonnés que leur pyjama. Elles se taisent et mâchent avec concentration. Les bonnes dormeuses dorment mieux qu'avant, elles gardent au réveil la joue rose et le cheveu lisse. Les discuteuses discutent avec vivacité, aucune récrimination enfantine ne vient plus les interrompre.

Parmi les hommes, la catégorie des rangeurs est fidèle au poste. Ceux-là même qui se dérangeaient pour ranger ou sortir beurre et lait au gré des arrivées, rangent toujours mais ne nous dérangent plus. Les hygiénistes qui traquaient la lolette gluante ou le gobelet d'ovo renversé chassent désormais nos miettes adultes et philosophent sur l'éducation de leurs petits-enfants. Quant aux politiciens, ils politisent de plus belle, lisant et commentant les journaux à haute voix pour retarder le moment des vraies résolutions.

– A propos, qui décide quoi, qui fait les courses, la bouffe ? Vous avez un chef, forcément. Quelqu'un qui prend les initiatives. Un leader caché ? ironise Pierre.

Claudine tempère :

– Leur petite société n'est pas une entreprise. C'est l'affect qui commande, pas l'efficacité.

Claudine a raison. Ma tribu est un miracle. De désorganisation réussie, d'anarchie autorégulée. Si les physiciens du chaos l'avaient connue assez tôt, ils auraient pu faire l'économie des populations de rats. Ma tribu est l'observatoire rêvé, le cas d'école de leur théorie. Quelles forces croisées, amplifiées, quelles lois secrètes président à sa dynamique ? Difficile d'établir une équation capable de les cerner.

Et pourtant, à chaque fois, le petit déjeuner achevé, le déroulement des opérations nécessaires à la poursuite du processus de vie communautaire se met en place, sans heurts ni poussée de fièvre apparents. On ne sait ni comment ni pourquoi une voix prépondérante, jamais la même, surgit du néant et fait pencher la balance, l'espace d'une décision. Tel le robinet qui fuit, la goutte tombe pile dans le mille et la majorité se plie à l'évidence. Ceux qui se désolidarisent ensuite de l'élan général ne s'attirent ni chantage ni reproche.

C'est ainsi que l'après-midi voit défiler les skieurs, suer les randonneurs ou s'éclabousser les baigneurs, pendant que dans les chambrées somnolent les siesteurs ou jubilent les lecteurs. Le long des routes, dans les calanques ou sur les pistes, les bistrots nous accueillent à l'apéro, tandis qu'à la maison, fourriers et cuistots s'affairent aux fourneaux.

Au repas du soir, notre tablée s'enrichit de furtifs satellites ou de comètes brillantes. Invités indigènes, amis de nos amis, fils ou filles prodigues soudainement nostalgiques, on rajoute des chaises, on tape dans les stocks de spaghettis. L'échanson ne crache pas dans les verres, et le pain (au dam de l'unique amateur) n'a pas le temps de rassir.

Lorsque nous soupons entre nous, la cérémonie est écourtée. Vaguement rincées, les assiettes sont jetées dans l'évier. Place à l'enfer du jeu, le scrabble, en l'occurrence, le yass ayant perdu la bataille il y a fort longtemps. L'échiquier n'a qu'un fou et le go plus personne. Mais nos tripots sont devenus sages, ils ferment avant minuit et servent des infusions.

– Au fond vous êtes pire que des retraités, commente Claudine.

– Et tu verras qu'ils vont continuer, jusqu'à ce que l'asile les sépare, siffle Pierre, sarcastique.

Ma tribu est en pleine forme. Pas étonnant qu'on me l'envie. Le seul danger qui puisse la menacer viendra de l'intérieur. Or, depuis nos dernières vacances, un souci me ronge et m'enlève le sommeil. Le ver est entré dans le fruit. Après des années de mépris affiché, notre champion d'échecs parle de se convertir au scrabble. Comme il est plus doué que prévu et terriblement têtu... Je n'ose imaginer la suite. Qu'il se pique au jeu. Et qu'il se mette à gagner toutes nos parties. Sans vergogne, sans égard ni façon, à la manière guerrière d'un stratège kasparovien. A cela, c'est sûr, aucun de nous ne survivrait.

REQUIEM ROMONTOIS

C'est un samedi qui ne se ressemble pas. Pas de flânerie gourmande, pas de café-croissant en liberté. L'apéro d'après marché, le panier hérissé de poireaux, les rencontres fortuites devant les bottes de radis, c'est râpé. Aujourd'hui le programme ne s'improvise pas. A dix heures, un de mes amis enterre son père à Romont.

Romont, à des lieues de Lausanne, Romont où je n'ai jamais posé le pied, Romont la Catholique qui ce matin, agrippée à sa colline, prend des airs espagnols. Le soleil en moins, car la météo est en queue-de-pie. Aux murs des remparts, aux pavés, à l'herbe des remblais, le Grand Peintre a mis du fusain partout. Sur le parvis de l'Abbatiale un vent glacial claque aux oreilles. Je suis en retard. Gardé par deux cerbères en habit, le cercueil me bouche l'entrée. J'attends, les yeux sur mes souliers.

Orgue et chœur, la cérémonie débute en douceur. Les portes s'ouvrent toutes grandes. On avance le mort sur ses roulettes. Je reste derrière, figée de froid. L'homme qui s'en va ainsi, allongé dans sa boîte, je ne le connaissais pas, mais à cet instant précis je le ressens comme un parent.

L'église est un caveau profond, lueurs violines des vitraux, ombres portées des cierges, masse opaque de la mollasse, odeurs d'encens. Je me suis assise si discrètement que personne ne m'a remarquée. Ici je suis celle qui ne sait pas, l'innocente. Perdue dans les latines génuflexions, je me risque à l'imitation. La copie est imparfaite. Protestante j'ai honte de leurs mômeries, agnostique, je me trouve indigne de faire semblant. A quelques bancs de la famille, je distingue la haute stature de mon ami Jean, le fils du défunt.

Un sanglot m'étrangle, je pleure sur sa peine présente et sur la mienne à venir. Un matin moi aussi j'enterrerai mon père, un jour moi aussi je reprendrai, contrainte et forcée, le témoin de la course irrémédiable.

Autour de moi, l'assemblée est silencieuse, oppressée de souvenirs et de deuils ravivés. A ma gauche une femme mord son mouchoir avec une sorte d'avidité puérile. L'orgue s'est tu. Il fait froid, il fait nuit, c'est le vide. La mort s'installe.

Puis un froissement d'étoffe, un flottement de voiles, lumière. Le curé étincelle sous le feu d'un projecteur. La scène est étroite, l'autel en unique décor devant le rideau du jubé. Au sermon on évoque le défunt, sa vie, ses œuvres. Membre éminent de la communauté romontoise, il a été professeur puis directeur de collège. Une autorité morale, une personnalité aimée de tous. On lit une lettre de son médecin, elle est en patois de la Glâne, je n'y comprends goutte, les gens hochent, sourient. Un vieil abbé, son confesseur, prend ensuite la parole, son verbe proféré à l'ancienne met du baume sur les cœurs et les esprits. Enfin c'est le tour du fils. Raidi de courage dans son manteau marine, il marche vers le lutrin, chausse posément ses lunettes et lit un passage de l'Apocalypse. Sa voix ne tremble pas, les mots s'imposent et frappent par leur beauté visionnaire. L'Abbatiale respire mieux. Je fixe les deux anges suspendus sous la voûte.

Retour à la liturgie et à son prêtre. De la galerie le chœur lui répond, sur des musiques simplettes que l'assistance répète avec entrain. Je m'ennuie ferme jusqu'au Notre Père. Bénédiction, la longue messe est dite. A la cérémonie des honneurs je refuse le goupillon qu'on me tend. « Que chacun salue à sa façon et selon ses convictions » a déclaré le curé. Je m'incline donc, la main sur le cœur.

Descente en ville pour un repas au restaurant où le mort avait ses habitudes. On nous y a réservé la belle salle du fond, boiseries ripolinées, poutres centenaires, nappes damassées. Ça sent la soupe de jardin et le poulet de grain. Les convives parlent un peu trop fort, le vin blanc pétille déjà dans leurs pupilles. Mes commensaux sont avocat, notaire, médecin, enseignant, tous Romontois de père en fils, tous anciens élèves de Saint Michel à Fribourg, actifs dans la vie de la cité, ouverts aux problèmes de ce temps.

Je reste songeuse devant ma meringue double-crème. Un clocher, une croix, des armoiries, une histoire commune, quoi de plus légitime que ce sentiment d'appartenance. Quoi de plus nécessaire que des racines, ne sont-elles pas ce qui nous nourrit pour la vie ? Mais ce sont elles aussi qui créent les apatrides, elles qui fabriquent des étrangers à quelques kilomètres seulement de leur souche, elles qui excluent et qui divisent.

Le dessert achevé Jean nous a remerciés. Il a raconté son père, son départ paisible, il lui a rendu hommage, sobrement. Nous avons porté un toast à sa mémoire. Il pouvait reposer en paix, sa succession était assurée. Dans la main de son fils le verre de bordeaux scintillait comme un flambeau.

LE JARDIN DES LOOSLI

Madame Loosli était l'archétype de ce que ma grand-mère appelait une brave femme. De ménage, la femme, en l'occurrence. Et à l'ancienne, sans voiture, sans portable ni talons hauts. Née trop tôt dans le monde cruel d'avant le politiquement correct, Madame Loosli n'aura jamais bénéficié des adoubements sémantiques qui l'eussent élevée au rang « d'adjointe aux soins matériels des intérieurs domestiques ». Raté également le statut de « technicienne de surface ».

De la surface pourtant, Madame Loosli en tenait. Une vraie nature. La cinquantaine solidement campée, des cuisses plein sa jupe sous un balcon garni à faire rougir un vieux grenadier. L'œil taupe, le front plissé soleil, elle est toujours de bonne humeur. Dans mon souvenir Madame Loosli ne vient chez nous que le mercredi après-midi. Je n'ai pas classe et je me réjouis de la voir. Enceinte de son cabas, la frange en épi, sa coquille de cheveux sur la nuque, la voilà, elle attend en soufflant fort contre notre porte d'entrée.

Pas besoin de sonner, notre cocker Zoé se charge d'avertir la maisonnée. Et c'est la valse des gémissements giratoires, des aboiements ululés. Madame Loosli n'est pas en reste. Du palier, à l'aveugle, elle profère des promesses d'os de rôti et de couennes de lard. Zoé ne se sent plus de joie, verse sa goutte sur le tapis de coco, aussitôt réprimandée par ma mère. Laquelle, me volant la poignée, ouvre les vannes à l'arrivante. Salutations explosives dans le sabir alémanique usuel. Madame Loosli s'agenouille illico pour une séance de caresses mixtes chien-enfant, qui durerait des heures si l'autorité locale n'y mettait une rapide et diplomatique fin.

Le prétexte est facile mais artistement renouvelé. Il y a les vitres « à liquider avant la pluie », une lessive à trier, le vestibule à récurer et ce maudit escalier de la cave régulièrement souillé par les livreurs de charbon. Le travail ne manque pas, et Madame Loosli s'en félicite car si Monsieur Loosli, « brave homme » et manœuvre de son état, lui rapporte les épinards, pour le beurre il faut effectivement que sa femme repasse.

Monsieur Loosli loue un bout de jardin à la périphérie de la ville. Ce lopin de terre est son poumon vert, sa bouffée d'oxygène, sa fierté et sa vie. Parce que dans son jardin Monsieur Loosli est son propre maître. Travailleur la semaine, patron le dimanche, il lâche la truelle pour la binette et sarcle son temps libre avec ardeur. Résultat : des tonnes de haricots, des paniers et des paniers de salades, scaroles, doucette, laitues de Morges, chicorées, des tomates, des courgettes, et même des patates. Sans compter les fraises et une allée de framboises dont je retrouve la saveur duveteuse quand je veux.

Madame Loosli, elle, donne plutôt dans la fleur, bleue de préférence. C'est qu'elle est sentimentale et pour qui veut l'écouter le roman-photo est permanent. Sa tragédie personnelle c'est de n'avoir pas eu d'enfant. Elle compense en choyant ceux des autres. Sans condition, sans contrepartie, avec la naïveté des convertis.

Elle m'emprunte souvent. Mes parents me prêtent très volontiers. Je suis une aînée maussade, une gamine anxieuse qui les désarçonne. Avec moi, Madame Loosli sait y faire. Chez elle c'est les Rois toute l'année, j'ai la fève et la couronne à chaque fois. On ne me remet jamais en question, je règne en majesté. Pareille à Lisi, la magnifique poupée étalée sur le satin rose du lit matrimonial.

Les Loosli n'ont pas de salon, pas de salle à manger, pas de chambre d'amis non plus. Je couche avec eux, coincée entre les deux matelas. Les draps sont en molleton rugueux, les duvets à carreaux rouges et blancs. Je m'endors très vite, la tête cotée au balcon de Madame puisque Monsieur me tourne pudiquement le dos. Je l'entends grogner puis marmotter jusqu'à ce que sa femme siffle et qu'il se taise.

Au matin, c'est le café au lait dans les tasses baignoires, les tartines déjà beurrées. Monsieur Loosli est au boulot. Ou au jardin, si c'est congé. Dans ce cas-là, il nous rejoint pour le midi. Madame Loosli fouette sa purée de pommes de terre devant le fourneau, le nœud de son tablier bat la mesure sur ses reins. Monsieur Loosli ne bouge pas le petit doigt, raide comme poireau devant son couvert. Il m'interroge, et quand je ne comprends pas, il répète distraitement sa question, captivé par les manœuvres de la cuisinière. Celle-ci soulève la casserole, la lâche sur la table, puis s'essuie le front. Je tends mon assiette, mais elle l'ignore. Monsieur Loosli a la priorité. Il est immense et dévore beaucoup plus de nourriture que mon papa. La louche à soupe sert de pelleteuse universelle.

Le repas achevé, les Loosli m'emmènent dans leur jardin. Nous y allons à pied, le dos chargé de boissons, de pain et de fromage. Monsieur Loosli n'a pas de cabane sur sa parcelle mais un coffre de métal dans lequel il cadenasse ses outils. Je n'ai pas le droit d'y toucher, alors j'observe le déroulement des travaux, le labourage, cet ahanement inquiétant à chaque coup de brodequin sur la tranche de la pelle, et le repiquage, ce geste agile du poignet tournant le plantoir dans la terre meuble. Madame Loosli ne pioche ni ne bêche. Elle se consacre aux élagages et autres nettoyages fleuris. Aux récoltes de petits fruits je l'assiste, la bouche pleine, un corbillon symbolique attaché à la taille par une ficelle.

Le goûter marque la fin de l'après-midi. Monsieur boit sa « feldschleusse » debout, pendant que Madame étale une serviette sur le coffre refermé. Je mange sans faim. Puis le jour décline, enflamme l'horizon clos, ses corolles à la parade et ses légumes au cordeau. J'ai mal à la tête de trop de soleil, de trop d'amour. Monsieur Loosli me ramène sur ses épaules. Madame Loosli remplit ma minuscule valise noire en reniflant. Et quand mes parents arrivent, c'est tout juste si j'accepte d'embrasser mes hôtes pour leur dire au revoir.

JUIN QUI REVIENT

Chaque année c'est pareil : juin revient, et je ne dors plus la nuit. Chaque année je me laisse surprendre et je m'en étonne. Je n'ai aucun sens des dates, je ne retiens pas les anniversaires de naissance. Alors les anniversaires de décès, a fortiori. J'étais si jeune quand c'est arrivé. Infirmité psychologique ? Ce déni des chiffres, ce refus des échéances m'a peut-être préservée de la stérilité des pleurs à horaire fixe. A chacun sa méthode.

Chaque année donc, juin revient et avec lui, d'abord inexplicables, ces insomnies, ce mal-être général. Les signes pourtant ne mentent pas. Depuis le temps je devrais savoir que le deuil a son horloge biologique, ses repères et ses échos révélateurs. Lumières des ciels chavirés, quand juin débarque tous les marqueurs de mon inconscient sont à vifs.

Comment ai-je pu oublier que ce travail de force n'est jamais achevé, que le deuil est un boulot de saisonnier, sous-évalué, mal considéré, mal payé, répétitif comme la vaisselle et frustrant comme la chaîne d'usine. Si je me rappelais, je m'arrangerais en conséquence, j'adopterais les mesures qui s'imposent. Partir, voyager, m'étourdir, ou rester au lit, de l'ouate dans les oreilles, le nez sous la couette jusqu'au solstice d'été. Je l'ai fait au début, je ne le fais plus, car chaque année, ces jours-là écoulés, ces nuits-là surmontées, je repars apaisée vers cette histoire banale et passionnante qu'est ma vie.

Le cancer me l'a fauché, une sale aurore de juin d'il y a vingt-cinq ans. C'était le père de mon enfant. Il était si courageux et son agonie si douloureuse que l'interne de garde a pleuré en lui fermant les yeux. Je porte sa perte dans ma chair. C'est une marque à l'encre invisible, un tatouage funèbre qui réapparaît au soleil des printemps finissants.

Juin, mois fourbe et menteur, spécialiste des chauds-froids de bise et de foehn, juin des illusions, des déceptions. Juin des hyperplasies végétales, forêts d'extravagance et champs de pétales. Juin des ivresses urbaines aux terrasses avachies des cafés du commerce. Juin de bitume, catalyseur des plaisirs de gogos, sapajous en shorts, blondasses en body polyester hélant la foule de leurs décapotables, juin qui vomit sa techno...

Ça s'enclenche sournoisement et ça peut durer deux semaines. Je me couche exténuée. Je m'assoupis sur mon livre. Je rêve en français. Puis, vers trois heures du matin, ma nuit change de langage. Je ne la comprends plus. On dirait du morse. Je m'évanouis et me ranime en alternance. Enfin, je me réveille aux merles, les cinq sens en bataille. La fenêtre est grande ouverte et les volets tirés. La clarté rayée, les odeurs citronnées, tout me poigne au cœur et me vrille le cerveau. Quelle heure peut-il bien être ? Le premier train est-t-il déjà parti ? L'immeuble, en tout cas, dort à poings fermés.

Me lever, allumer la radio, chauffer de l'eau pour le thé. Dans la cuisine l'aube m'aveugle. Par dessus les toits, les Alpes m'envoient leurs cartes postales argentées. Le ciel est trop bleu pour être honnête, le monde semble artificiel. Je suis au théâtre. En face, l'étudiante a exceptionnellement fermé ses rideaux. Sur le balcon sa chaise de plastique, trop blanche devant la table de bois. Dans la cour les voitures scintillent, des jouets qu'on vient de déballer. Au milieu des haies de bambous, un lilas incongru, ses fleurs vieillissantes repeintes au minium.

Je m'active, je tourne en rond. Les choses me sont contraires. La bouilloire lanterne, le beurre me glisse des doigts, il n'y a plus de Darjeeling dans la boîte. On se ligue contre moi, c'est sûr. La paranoïa des insomniaques. Je m'assieds, je pèse des tonnes devant ma tartine, je mastique, l'œil braqué sur le mur vide. Mille questions incohérentes m'assaillent et m'assourdissent.

Dehors ça roucoule et ça croasse. Réunies en concile enroué les corneilles piquent la mousse des tuiles dans un basculement d'automate. Puis le ciel vire au myosotis. Et c'est la ville et son roulement perpétuel, les moteurs qui hoquettent, le scooter du concierge qui grince au démarrage. Un car ronronne aux portes de l'hôtel voisin, je me secoue et j'embraie la première. Je me mets au travail, des hélices plein la tête. Et j'espère le soir et une nuit meilleure.

Cinq ou dix veilles plus tard déboulent mes cauchemars. Les scénarios sont des reprises, mais les films sont d'origine. La pellicule a vingt-cinq ans, elle n'a pas souffert. Les couloirs de l'hôpital sont toujours aussi glacés, les chirurgiens chefs et les oncologues émérites toujours aussi impassibles. Inaccessibles étoiles, ils filent d'une chambre de souffrance à l'autre, leur suite d'étudiantes et d'assistants en queue de comète sur les talons. Les épouses, les enfants et les parents des malades errent, chargés de journaux et de friandises, de la salle d'attente à la cafétéria. Personne ne les prend par la main. Personne ne les soutient, personne ne les rassure. Ils n'existent pas, parce qu'ils sont vivants et en bonne santé. Le moment de la visite venu, on les débarrasse de leurs bouquets, « à cause de l'odeur », puis le mourant à peine embrassé, on les chasse « pour les soins ».

Attachés aux barreaux, privés de morphine et d'analgésiques efficaces, chosifiés, transpercés de sondes, colmatés de sachets à excréments, leur crâne chauve quadrillé de repères au crayon feutre en prévision de l'ultime et inutile radio, les cancéreux d'il y a vingt-cinq ans se lèvent d'entre les morts. Et chaque année, quand juin revient, implacablement, ils crient vengeance et demandent réparation.

LE PARADOXE DE LA ROSELIÈRE

Non, ce n'est pas le titre d'un film de Rohmer, simplement mes pensées de vacances. Retour aux sources après trois ans d'infidélités exotiques. A quoi bon partir trop loin, en effet, quand on jouit d'un privilège aussi précieux, une maison de famille à la campagne.

Les hasards de la naissance ont voulu que la mienne soit une demeure classée, avec les Alpes dans chaque fenêtre, des roses pompon sous la terrasse et un tapis de blé déroulé jusqu'au lac. Construite au XVIIIe siècle par le bailli, résidence d'été de patriciens bernois, elle a subsisté dans son environnement d'origine, préservée des outrances de la modernité par les générations qui m'y ont précédée.

D'abord il y a son odeur, à nulle autre pareille. Les maisons sont des organismes vivants. Elles respirent, elles transpirent, elles sentent bon ou mauvais, mais elles sentent fort. La mienne embaume des parfums qui me bouleversent. Craie humide des corridors aux dalles disjointes, terre et lie dans les caves, suie recuite de l'âtre à la cuisine. Au salon, ces vapeurs des papiers peints au vert de Schweinfurt, dans les chambres, ces effluves mélangés d'humanité et de poêles à catelles. Je les renifle, les décompose, les reconnais. Ce rituel honoré, ma valise abandonnée grande ouverte sur mon lit, je sors dans le parc voir si j'y suis.

Et c'est la promenade inaugurale, la visite à ces vieux arbres qui claquaient comme des oriflammes dans les orages de mon enfance. Même si cette année, l'ouragan Lothar en a fauché quelques-uns, les rescapés me suffisent à mesurer le temps. Le pin planté à la place du Wellingtonia foudroyé, quinze ans, vingt ans ? Et les noyers, à l'entrée de la battue, dire que je les ai vu naître. Dans le verger, en revanche, que de disparus. Pommes raisin, pommes des moissons, roses de Berne, prunes à cochons, bérudges, cœurs de pigeon, leurs successeurs n'auront jamais la même saveur. Le griottier sauve l'honneur. Il doit être le plus ancien de Suisse. Et le plus bio d'Europe.

Descente à la plage. Apparemment, rien n'a changé depuis l'époque où j'apprenais à nager. Tiens, le saule pleureur a plié. Et rompu. Il va falloir inventer un nouvel étendage à maillots de bain. Dans les buissons, les bambous ont forci, leurs tiges viré au cuivre. La cabane est fermée, le foyer détrempé, l'été a failli, juillet a trahi, le môle s'est noyé.

Je m'assieds sur le banc de bois, mon regard flotte à la frise des roselières. Un héron cendré transperce l'horizon de sa flèche cassée. Le joran se lève, hésite puis s'enhardit, repoussant l'écume vers les champs d'algues. Un grèbe huppé avance en danseuse, son aigrette rabattue sur la nuque. Arrivent alors les cygnes, pile à l'heure, éternels et interchangeables, longs snobs en habit blanc, jeunes péteux en duvet caramel. Sortis des fourrés de joncs, les clans de foulques se jaugent et s'affrontent. Les poussins s'égarent, affolés, inlassablement ramenés au bercail par leur service d'ordre respectif.

Cette nature intacte, la propriété privée la protège. Le droit de passage autour du lac est certes partiellement acquis au public, mais la plage nous est réservée. Nous la prêtons volontiers à ceux qui nous le demandent. Mais nous en chassons les campeurs sauvages, les envahisseurs à hors-bord, les bruyants discophores et autres têtes à baffles.

Autour de nous les projets de développement menacent. Les promoteurs sont si persuasifs que les édilités locales se laisseraient bien tenter. Ports de plaisance supplémentaires, appartements de vacances sur plusieurs étages, routes d'accès, parkings, l'appétit des bétonneurs n'a pas de limite.

A quelques pas de là, déjà, un camping démesuré s'annonce. Les écologistes sont montés au créneau. Pour sauver le biotope de la rive originelle, pour offrir une chance de survie à sa faune et à sa flore, (une espèce rare d'orchidée, notamment) ils s'investissent à fond et nous les soutenons. Leur combat nous convient. Solidaires, main dans la main, propriétaires et écolos. Alliance contre-nature pour la nature.

En revenant à la maison, j'aperçois du monde sur la galerie, des parents éloignés, débarqués en nombre pour une grillade. Mon neveu a allumé le feu, ma mère met la table, un oncle débouche les bouteilles. Comme la société, la famille gagne toujours à s'élargir. Le repas est joyeux, émaillé de souvenirs communs. La grand-mère, âme tutélaire disparue des lieux, y tient encore le rôle principal. On profite de l'occasion pour réviser l'arbre généalogique avant la sacro-sainte réunion de fin d'été. Soirée paisible, troublée parfois par une fouine ou une hulotte. Lorsque les aînés se retirent, les invités s'en vont, les bras lourds de bébés endormis, et je reste seule avec mes cousins à bavarder des heures sous la lune.

Les ados, eux, nous avaient largués dès le dessert. Les tantes gâteau, les aïeux gâteux, merci beaucoup, ils sont à l'âge où la tribu se choisit, et la leur est en ville, à s'éclater le cœur et les oreilles dans les discos. La campagne toute nue, sans « raves » et sans « after » ça les déprime. Grave.

MADAME TISSOT ET LES ORDINATEURS

— Madame Tissot, vous le faites exprès ou quoi ? Je vous ai mis Google dans les Favoris. Le moteur de recherche, Madame Tissot. Ne me dites pas que vous avez déjà oublié ce qu'est un moteur de recherche, Madame Tissot ?

Sylvain est patient, mais il y a des jours où il préfèrerait ne pas avoir trop « bon cœur ». Surtout un vendredi en fin d'après-midi. Cette brave vieille madame Tissot commence à lui courir sur le pistil. Il est bloqué là, à lui rabâcher la leçon. Que les grands-mères se mettent à l'ordinateur, Sylvain n'a rien contre, il trouverait ça plutôt sympathique. Mais qu'elles le déplacent pour des broutilles, surchargé de travail comme il l'est.

Le service après-vente, Sylvain croyait avoir donné. Il avait espéré que ses nouvelles fonctions à la maintenance l'en dispenseraient à vie. Et bien non, certains habitués ne veulent que lui et personne d'autre. Théoriquement, contractuellement il aurait le droit de refuser. Mais pour les très, très bons clients, Sylvain se voit contraint d'obtempérer. Alors, il se débrouille, se rattrape sur les vacances.

Madame Tissot est une fidèle, une véritable groupie. En cinq ans elle lui a acheté trois ordinateurs complets, imprimante et scanner compris, qu'elle a payés rubis sur l'ongle. Alors, à force de dépannages et de petites confidences, Sylvain s'est attaché à elle. Il l'aime bien, il en a pitié. Elle est si seule. Plus de mari, plus d'héritier direct. Les week-ends surtout lui sont pénibles. Presque jamais de visites, à part un de ses neveux, pour l'argent, probablement. De ce côté-là, c'est vrai, elle doit être assez à l'aise. Et puis Sylvain lui rappelle Pascal, son fils unique, mort à trente ans, « un garçon si doux, votre portrait craché ».

    Au début, avec les deux premiers PC, Madame Tissot ne le dérangeait que trois ou quatre fois par mois, et pour d'impérieuses raisons. Des bourdes monumentales. Elle transférait la totalité de sa comptabilité de ménage sur un logiciel inadapté, effaçait au lieu de copier ou quittait ses programmes sans protocole. La machine plantait et Sylvain arrangeait les bidons. Elle l'appelait mon sauveur. Il était flatté, malgré lui. Elle lui refilait dix francs de pourboire, elle offrait le café, des biscuits. Il lui racontait des histoires d'informatique, les luttes d'Apple contre Microsoft, par exemple, elle avait l'air d'adorer ça. Elle se passionnait pour les récents développements de la branche et se réjouissait follement à l'idée d'avoir Internet chez elle. Pour communiquer.

    Si Sylvain avait su ce qui l'attendait, il ne lui aurait pas conseillé une bécane aussi puissante. Un Pentium III, 128 Mb de mémoire vive, extension à 512 Mb possible, et 30 Mb de capacité du disque dur. La méga-bête, quoi. Meilleure que la sienne, un comble. Les choses n'avaient pas traîné, un modem et un fournisseur d'accès plus tard, Madame Tissot était branchée.

    Depuis qu'elle surfe sur la toile, elle lui téléphone un matin sur deux. Elle se plaint qu'Internet c'est n'importe quoi, et ces forums de prétendue discussion, une vaste escroquerie. Et qu'en plus c'est trop lent, trop cher. Et que ça lui fatigue tellement les yeux qu'elle a dû changer les verres de ses lunettes. En résumé, Madame Tissot est foncièrement déçue.

    Sylvain, qui l'avait avertie, ne se sent coupable de rien. La prochaine fois qu'elle lui balance ses jérémiades, il se fâchera et l'enverra sur les roses. Oui, mais voilà, Sylvain est si serviable, c'est ce qu'elle lui dit souvent. Alors à chaque coup de fil, il lui répète gentiment qu'il n'est plus à la vente. Et à chaque coup de fil, elle fait mine de s'en étonner :

— Comment ont-ils pu vous changer de secteur, avec les bonnes affaires que vous leur rapportiez ?

— C'est moi qui l'ai demandé, Madame Tissot. Maintenant, j'ai mon propre atelier, un apprenti à former, on me fiche la paix.

Car vendre, Sylvain n'aimait pas. Appâter le chaland, le séduire, le baratiner jusqu'à ce qu'il craque, ces stratégies de base le rendaient malade. « En cas de problème technique, toujours et d'abord culpabiliser l'acheteur, c'est le b.a. ba de la profession, mon bonhomme », lui serinait son supérieur. Les pratiques agressives l'empêchaient de dormir, il avait même songé à quitter la boîte. Après tout, il était technicien, pas vendeur, ses compétences étaient mal utilisées. Il était objectivement sous-estimé, payé avec des élastiques. Alertées, les Ressources Humaines avaient soigneusement étudié son cas. Jugé élément capable, très prometteur, pas trop exigeant en terme de salaire, pas syndiqué, bref, considéré comme un investissement raisonnable, Sylvain avait été nommé responsable du parc informatique. Et augmenté.

Désormais, plus une minute à lui. Mais quelle indépendance, et quelles satisfactions ! Secrétaires, téléphonistes, responsables, dirigeants, il les a tous dans la poche, on l'accueille partout comme le Messie. Les avaries, les fausses manœuvres, il n'y a que lui qui puisse y remédier rapidement. Son nouveau chef, très cool, genre Silicon Valley, beaucoup trop absorbé à perfectionner des logiciels pour se pencher avec lui sur le quotidien d'une PME, le laisse œuvrer à sa guise.

— Désolé, Madame Tissot, cette heure-là, je suis forcé de vous la compter au prix fort. Moi ça m'est égal, mais si vous continuez vous allez finir par vous ruiner.

— Au diable l'avarice, jeune homme. Tenez. Et vingt francs pour vous. Vous êtes monté en grade. Chez moi aussi, vous voyez.

LE PION DE LA DAME,
OU MA VIE AVEC KASPAROV

A partir de quel moment le jeu devient-il un travail, le divertissement un labeur ? Le sport cérébral est-il un sport ? Ou un assimilé, par la seule grâce du vocabulaire commun ? Qu'est-ce qui différencie l'amateur du professionnel ?

La dernière fois que je me suis posé ces questions, c'était ce fameux samedi de foehn où le printemps explosait aux fenêtres. Après le café-tartines, j'ai supplié Kasparov de m'accorder la faveur d'une promenade dans les bois du Jorat. Encore en pyjama, voûté sur les combinaisons diaboliques de son échiquier, le Champion a grommelé qu'il n'avait pas, mais alors vraiment pas, la tête à la balade. Quand je lui ai demandé s'il comptait jouer toute la sainte journée il a grondé que, nom d'un chien, depuis le temps, je devrais pourtant savoir que Kasparov ne joue jamais, non, Kasparov étudie.

J'aurais pu tiquer, je suis restée de marbre. J'ai l'habitude de ces sautes d'humeur : voilà trois mois que l'Etudiant n'est pas à prendre avec des pincettes. Trois mois qu'il perd 67% de ses matches de championnat. Et presque quatre ans qu'il consacre l'essentiel de ses congés à s'éponger le front sur ses pions, à préparer ses attaques et vérifier ses défenses dans la centaine de livres de sa bibliothèque échiquéenne. A corriger ses parties avec Fritz, son logiciel adoré, et à se mesurer aux internautes de Miami ou de Kiruna à n'importe quelle heure de la nuit.

– Ta condition physique, tu y penses ? Tous les grands joueurs font de l'exercice, c'est capital de bouger. Et ton piano ?

— Ma pauvre amie ! Je dois revoir l'Ouverture du Pion de la Dame de A à Z pour jeudi et tu voudrais que je me baguenaude sous les foyards, le nez en l'air, comme si de rien n'était ?

J'ai refermé la porte et je suis partie seule. Dans le bus, je n'ai pas cessé de ruminer. Et aujourd'hui la terrible vérité me saute à la face : Kasparov est malade. Il vit sur une autre planète que la nôtre et n'en est pas conscient. Après des heures d'observation rigoureuse, mon diagnostic tient en un mot, dépendance. La littérature spécialisée parlerait d'une *chess-addiction* caractérisée. L'affection est sévère et le patient incapable de la surmonter sans aide extérieure.

Au début, Kasparov était heureux. Contrairement à son homonyme de Bakou, mon Kasparov à moi s'est mis aux échecs très tard, la quarantaine largement entamée. Inscrit dans un club genevois, simple amateur, il y jouait le lundi soir, pour le plaisir. Ses adversaires ? Des semblables, frères et sœurs en passion. Entre soldats du même régiment, sans guerre ni bataille à l'étranger, ah que la vie du clan était jolie ! Les victoires y valaient les défaites. Les joutes intestines terminées, on analysait les rebondissements en détail, et chaque coup en profondeur.

Le week-end, je l'accompagnais au Parc des Bastions. Devant un public connaisseur, la faune internationale des bretteurs s'y déchaînait, s'affrontant sur d'énormes échiquiers de béton quadrillé. Associant gymnastique physique et exercice mental, ils déplaçaient leurs figures de plastique dans un ballet heurté. Qu'ils les poussent d'un pied rageur ou les soulèvent d'un bras nonchalant, leur visage exprimait une égale et douloureuse concentration. Car l'exhibitionnisme force à l'excellence. Dévoilé sur la place publique, l'ego aspire au succès. Ou à la défaite honorable, pour le moins.

Kasparov, lui, montait rarement sur scène. M'expliquant le développement de la partie, il en devinait les retournements. Je l'admirais et il aimait ça. Nous rentrions main dans la main, assis sur notre petit nuage carrelé rose et blanc. A la maison, conquise, je cédais bientôt à ses avances.

Allez savoir pourquoi, j'écopais toujours des Noirs. De ce désavantage, je fis vite un atout : je résistais vaillamment en milieu de Sicilienne. J'eus aussi mon heure de gloire en reproduisant d'instinct une des bottes secrètes de Fischer, recensée dans une Espagnole contre Keres à Zurich en 1959. Insuffisamment charpentées, en revanche, mes Grünfeld et mes Est-Indienne me condamnaient à mort avant le quinzième trait. Kasparov en abusait. Soit il me renversait, soit je couchais mon roi. Battue, rebattue à plates coutures, j'étais devenue sa *sparring-partner* de prédilection.

Jusqu'au soir où, magnanime, il m'accorda les Blancs. Soirée funeste où je l'ai maté à la régulière dans un Gambit Muzio, pourtant évalué par les experts de l'époque comme donnant une nulle (ai-je contribué à le remettre à la mode ?)

De ce Muzio-là mon coach domestique ne guérit jamais. Entre nous quelque chose avait craqué. Nos rencontres se sont espacées. Alors, quand Kasparov s'est engagé dans une équipe au sein de son club, je l'ai encouragé. Pire, j'ai réveillé, puis aiguillonné son esprit de compétition.

Mea culpa. Je ne savais pas que lors de sa première participation officielle, il serait sèchement battu par une femme. Une ravissante massacreuse aux longs cils, une tueuse aux yeux d'améthyste. Je n'imaginais pas non plus que la plupart de ses challengers seraient des gamins à peine secs derrière les oreilles, tenaces, vigoureux, gonflés d'assurance et d'agressivité. Ou des vieux briscards pugnaces, au bénéfice d'une pratique et d'une expérience irrattrapables.

Pas de doute, mon Stratège est atteint. A moi de le désintoxiquer si je veux le retrouver tel que je l'ai connu. Sobre, de douce et bonne composition, ouvert à la discussion, à l'échange. Pour rétablir son équilibre, tentons la greffe d'une contre monomanie. Aidons à la renaissance d'une activité jumelle. En effet, plusieurs champions d'échecs furent à la fois psychiatres, mathématiciens, musiciens...

Au programme de ce printemps, donc : réintroduction du clavier, à doses bien tempérées. Puis changement radical de modèle. Exit Rambo Kasparov, place à Mark Taïmanov. Sur les chemins de l'Olympe, ce Grand Maître russe, ex-candidat à la Couronne Mondiale et pianiste virtuose, donnait autant de récitals Chopin que de simultanées à l'aveugle.

LE CADEAU

    Elle est punie. Enfermée dans la cave à charbon depuis une bonne heure. Elle s'est assise sur le seau retourné, celui des cendres. Elle sent le métal glacé sous ses fesses. Elle tient la pelle à deux mains debout devant elle, un rempart, une béquille. Elle grelotte. Sa mère était si fâchée, si triste aussi. Alors dans la précipitation, elle a oublié de lui mettre son gros pull.
    Il fait très froid. Dehors, il gèle. Les rues de la ville, la cour de récréation, les quais, partout, on marche sur des miroirs. Un jour avant Noël, c'est normal. Ce qui l'est moins, c'est ce qu'elle a fait pour en arriver là.
    D'habitude c'est parce qu'elle lui a désobéi. Ou répondu de façon impertinente. Elle lui tire parfois la langue dans le dos. Mais là, les choses sont plus graves, elle a volé vingt francs dans le porte-monnaie de sa mère. Le bleu, celui du ménage. Elle a exagéré, elle n'a que ce qu'elle mérite.
    La porte de la cave à charbon est opaque, découpée d'un cœur sur sa hauteur. On a eu pitié, on a laissé la lumière du corridor allumée. Le cœur luit comme un espoir et frappe au rythme du sien. Vite, trop vite. C'est qu'elle a peur qu'on l'abandonne.
    Elle est courageuse pourtant. Elle se raisonne, s'efforce de croire le contraire. Pas de risque. Elle est indispensable, elle est leur grande fille chérie. Elle laisse couler ses yeux dans sa bouche, aspire un sanglot de son ventre creusé. Bientôt on la délivrera, on lui pardonnera. Et quand on saura, on la remerciera, on la serrera à la briser en trois, en mille, on l'aimera plus qu'elle ne peut l'imaginer. Comme avant quand elle était seule.

La maison n'a que trois étages. Et deux familles. La sienne dans les deux du haut et les Dupuis au rez-de-chaussée. Les Dupuis n'ont pas d'enfant. Ils ne la saluent pas dans l'escalier, ils ne la voient pas. Ils sont jeunes, ils sont riches, à cause de leur voiture de sport. Ils travaillent toute la journée. Elle aurait beau geindre, crier au secours, ils ne l'entendraient pas. Et puis Madame Dupuis n'a pas besoin de descendre au sous-sol. Elle a un congélateur et une machine qui lave et sèche le linge dans sa salle de bains.

Alors, ces bruits de pas, ces raclements de chaises sur le carrelage de la cuisine, c'est bien de chez ses parents que ça vient. Ils préparent la fête de demain. Son père a pris congé pour aider.

Cette année son petit frère a participé à la confection des biscuits. Des milans, des étoiles à la cannelle, recette de grand-maman de Berne, et les bruns de Bâle de la tante José. Même pour le glaçage au sucre et au kirsch, Antoine a eu la permission. Avant il était trop maladroit, mais maintenant il a cinq ans révolus.

Elle, elle a son anniversaire une semaine avant Noël. C'est bête, à cause des cadeaux. Avec ce système, c'est toujours un pour deux. Elle y perd, la pauvre cocotte, dit tante Alice.

Tante Alice c'est la plus jeune sœur de son père et sa tante préférée. Sa mère la trouve un peu zinzin, tante Alice s'habille en rouge prismalo ou en vert néocolor, avec des souliers ascenseur et des chapeaux biscornus. Elle adore sa nièce et regrette qu'on l'élève aussi sévèrement. Les punitions, elle prétend que ça ne sert à rien. Comme sa tante a raison.

D'ailleurs la crainte de l'enfermement ne l'a jamais arrêtée. La tentation est trop forte et la pénitence si douce, à pleurer des baquets de larmes sur ses genoux, à jouer son petit Poucet, perdue dans le noir. Quant à la délivrance ! La porte qui s'ouvre sur la lumière orange du pardon de sa mère. Pour la seule minute de ce soleil rallumé, pour la main en éponge sur ses yeux, pour les questions inquiètes, elle recommencera. Des millions et des millions de bêtises. Des plus grosses, des plus affreuses à chaque coup.

Avant-hier cependant, elle a hésité longtemps. Car voler dans l'argent du ménage, c'est pire que voler sa mère, c'est voler la famille entière. L'argent du ménage, chez eux, c'est un vrai feuilleton. Des histoires qui s'emballent à la fin du mois, aux courses d'école, aux impôts, au dentiste, à Pâques et à Noël.

Elle a tourné et retourné son futur forfait dans sa conscience pas tranquille. Pesé le pour et le contre dans l'appartement désert. Parce que le porte-monnaie est caché profond dans le secrétaire de la chambre à coucher, et parce que la chambre à coucher c'est dangereux. Marqué territoire interdit, réserve de chasse. Même accompagnée, même invitée, elle n'y est pas à l'aise. A cause de l'odeur. Ni bonne ni mauvaise, ni chair ni poisson, une drôle d'odeur.

Puis elle s'est décidée, dans un vertige, elle a opéré diligemment, avec des gestes précis de chirurgien. Quand ils sont rentrés du marché, avec le sapin frais, les mandarines, les bougies rouges et les cheveux d'ange, elle faisait semblant de lire. Ils lui ont fourgué le petit Antoine à surveiller, le temps d'aménager la véranda pour y monter l'arbre. Son père était d'une humeur de chien. A cause de la flèche en diamant qu'il n'a pas réussi à fixer bien droite au sommet. Et de cette sacrée bon Dieu d'échelle pliable qui boite de plus en plus bas et que personne dans cette maison ne pense à réparer. Sa mère a crié, elle est sortie en claquant la porte vitrée derrière elle.

Quand sa mère saura, elle racontera fièrement à ses amies ce que sa grande fille chérie a risqué pour lui prouver son amour. Voler un billet rose dans le porte-monnaie du ménage.

Le cadeau, elle l'a acheté hier, en même temps que le pain. Madame Gutknecht ne s'est étonnée de rien. Elle, pourvu qu'elle vende sa marchandise. A Noël, elle met le paquet, il faut voir sa vitrine, ces friandises qui vous éblouissent sous

la cellophane irisée. Et la crèche avec son toit de biscôme. Et le « Joyeuses Fêtes » qui clignote en guirlande.
— Ma mère n'aime que le chocolat noir.

La boulangère a sorti trois boîtes d'un rayon. Dorées à la feuille, avec des ficelles en tire-bouchon, des clochettes à pois, des angelots à trompette.

Maintenant le cadeau attend sous son lit. Tout au fond, contre le mur. Ce soir dès qu'elle sera libre elle vérifiera. Elle ne dormira pas et demain, avant l'aube, elle ira le poser sous le sapin. Mélangé aux autres il donnera le change ; et après la distribution il restera seul, sans étiquette. Il aura l'air de tomber du ciel. La vérité éclatera comme une bombe.

Alors sa mère ne la lâchera plus de la journée. Elle sera trop belle sa mère, avec son sourire de gala et sa robe de velours. Elle la câlinera, la bercera, lui tressera les cheveux de quantité de rubans d'argent. Et Antoine sera tellement insupportable qu'on devra l'enfermer à la cave. Toute la nuit.

VŒUX DE PAPIER

Coincée à ma table, je sacrifie au rituel des vœux, tardivement comme d'habitude. Sur mon papier vergé, à l'encre bleue des mers du Sud. J'ai presque terminé ma liste. J'en suis à la lettre S., aux Seiler de Zurich. Vera et Daniel, vous vous souvenez ?

La nuque me brûle jusqu'aux épaules. Mon dos, une échelle de douleur. Ma main, du bois mort. Inutile de continuer. Quand le corps se rebiffe l'inspiration cale. Une pause thé s'impose. Un Panyong Golden Needle à l'arôme chocolaté ? Ou mon bon vieux Kenia bien corsé, avec un nuage de lait. Je reste debout devant mon placard, incapable de me décider. La bouilloire a beau me siffler, je suis sourde. Le cerveau occupé à passer et repasser mon carnet d'adresses au scanner. Ca y est, j'en étais sûre, j'ai oublié les Sallin. Et puis les Comte et les Blaser aussi. Tant pis, je les saute pour cette fois. Et le René, je le relance, ou je l'efface ?

Maudits soient ces choix ! L'abondance des thés et des humains. J'ai trop de Chine, et pas assez de Darjeeling, trop de connaissances et pas assez d'amis. Il faut que ça change. Je m'y engage solennellement, la main droite levée sur ma théière de Keemun.

Retour à mon écritoire. Fin des opérations. Mais avant de refermer les enveloppes et de coller mes timbres, poussée par une sorte de conscience professionnelle, je commets l'irréparable, je relis la pile entière.

Et c'est la montée à l'échafaud. Artificiellement « rapondues », ralliées dans l'arbitraire, mes proses confinent au désastre. Un birchermusli de lieux communs, un waterzoï de banalités.

La forme est à pleurer. On dirait un dictionnaire des synonymes. Le fond, une autoroute pavée de bonnes intentions. De ces bons gros sentiments incompatibles avec les belles-lettres. Est-ce que vous me les pardonnerez quand vous m'aurez lue ? Car ces vœux, après tout, vous sont également destinés.

– J'espère, je souhaite que l'année, le siècle, le millénaire qui commence, qui débute, qui s'annonce, à venir, vous apportera ce que vous pouvez désirer, souhaiter, imaginer de mieux pour vous et les vôtres, appariés, associés ou apparentés. Le bonheur, l'amour, une promotion bienvenue, une récompense, un réconfort. Un enfant, un petit-fils, une arrière-petite-fille, un mariage en fanfare, un divorce harmonieux. Moins de deuils, de déceptions. La réalisation de ces voyages que vous planifiez depuis si longtemps. Des loisirs plus fréquents, des revenus plus conséquents, un salaire plus décent. Un travail revalorisant, un travail stable, un vrai travail après votre pénible expérience de la faillite, du dégraissage, de la restructuration, de la globalisation, du chômage post-fusion. Ou alors ce changement d'entreprise, de secteur, de département que vous appelez ardemment de vos vœux. Ou encore cette retraite anticipée dont vous n'osiez plus rêver, la fameuse flexibilité dont vous pourrez enfin jouir, après en avoir été la victime.

Et puis la santé. La guérison totale, la cure de désintoxication surmontée, le virus terrassé. Un rétablissement rapide. Ou une rémission, qui sait, et un traitement ambulatoire qui vous permettrait d'aller et de venir à votre guise, de vous promener ce printemps au bord du lac, cet été sous les sapins.

Sachez que je pense à vous, que je vous suis très attachée, que vous m'importez, même si je me manifeste rarement. Ce mot, ces quelques lignes, ces phrases venues du cœur, sont censées remplacer toutes ces invitations remises, ces rencontres ajournées, retardées, déplacées.

Après un tel charabia, vous m'en voudrez, je le sens, vous

ne croirez plus à mes excuses, vous me condamnerez sans m'avoir entendue. Vous non plus, vous ne me faites pas signe, vous ne m'écrivez pas. Evidemment vos raisons sont plus valables que les miennes. Moi, mon bureau est à la maison, mon économie domestique ne dépend que de moi, mon Nasdaq file droit, et pas dans le mur.

Vous, mes contemporains qui, par chance avez survécu aux chamboulements économiques, vous les quinquas courageux, vous vous êtes recyclés, bravo. Ca ne suffira pas. Vous êtes désormais condamnés à l'efficience. A la solitude.

Et vous qui avez fait carrière, vous êtes arrivés. Mais à quel prix. Vous perdez vos cheveux, vous dormez mal, vous vous empâtez. Vos enfants ne vous reconnaîtraient plus dans la rue, si vous aviez le temps de vous y promener.

Quant à vous, vous rentrez de New Dehli en mars, ou vous partez pour Londres en avril. Vous attendez depuis des mois les décisions de vos supérieurs. Le lieu de votre nouvelle affectation. Vous m'avez perdue entre deux déménagements, vous avez barré mon nom de votre *Who's Who*. Et vous qui habitez à deux pas, le village d'à côté, si nous nous voyons si peu, c'est la faute à personne.

Nous nous étions tant aimés. Nous voulions nous séduire à jamais, ne jamais nous quitter. Puis les années ont freiné nos élans, elles ont émoussé le fil de nos plus belles armes. La comédie sociale qui animait la scène a perdu de son mordant.

Dans ma fenêtre, le ciel est si bas qu'il prend toute la place. Tableau monochrome, uniformément gris, la nature est un peintre minimaliste. Et la paresse, un fort vilain défaut.

VOUS HABITEZ TOUJOURS CHEZ VOS ENFANTS ?

— Tu n'es plus avec Julie ? Tu aurais pu nous avertir.
— Maman, je t'en prie. Pas de questions sur ma vie privée, tu seras gentille.

Voilà ce qu'une amie s'est entendu répondre par son fils, une heure après s'être cassé le nez, un dimanche matin, sur une ravissante jeune fille en chemise dans le corridor de son appartement. L'échevelée qui sortait de la chambre de son aîné lui était totalement inconnue.

Nullement gênée, cette nouvelle Héloïse la salua poliment avant de s'enquérir d'une voix ferme de la douche et d'une serviette de bain. Et c'est le plus naturellement du monde que, lavée et recoiffée, la tourterelle prit part au traditionnel brunch familial. Le premier choc assumé, la fée du logis assura avec élégance. De son côté, rajeuni de dix ans, l'œil en étoile et la mèche en bataille, le maître de maison joua les jolis cœurs avec entrain. Leur cadette fut la seule à garder quelque distance. Chat échaudé, elle commence à se lasser du rôle de confidente des ex de son frangin.

Cette histoire vous étonne, et pourtant. Mon amie n'est pas une exception, j'en connais une autre qui va plus loin dans l'adaptation aux mœurs ambiantes. Craignant que sa fille traîne de bars louches en discos sauvages, terrifiée à l'idée qu'elle puisse toucher à la drogue et attraper le sida, elle l'encourage vivement à ramener ses copains à la maison. Elle n'oublie jamais de vérifier que la boîte de préservatifs soit pleine et la pose bien en évidence sur la table de nuit. Le lendemain, prenant garde à ne pas faire de bruit, elle laisse les amoureux dormir très tard et leur apporte le petit déjeuner au lit dès qu'ils ouvrent l'œil.

Une mère idéale, large d'idées, les jeunes l'adorent, sa cuisine est bondée et son frigo régulièrement vidé. Son salon vibre en permanence au son du rap et de la techno. Le mari ? Au début, il a eu de la peine à se mettre au diapason. Aujourd'hui, vacciné, drillé, il frappe aux portes avant d'entrer chez lui.

Dans le genre, les Dumont ne sont pas mal non plus. Eux, ils n'ont pas hésité une seconde. Je les avais invités pour souper. Ils se sont décommandés une heure avant le repas. Une urgence, et des plus graves, le petit ami de leur fille vient de les plaquer. Comme ça, sans avertissement, après deux ans et demie. Oui, le légendaire Thierry. Lui qu'ils avaient accueilli à bras ouverts, traité comme leur propre garçon, quelle ingratitude ! Bon, c'est vrai, ils s'y étaient un peu moins attachés qu'à Fabien ou à Angelo. N'empêche, à chaque fois, c'est un nouveau déchirement. Les Dumont sont effondrés, la maisonnée sens dessus dessous et leur Agnès à deux doigts du suicide.

Je vous devine moqueurs. Ne souriez pas trop vite, les Dumont vous ressemblent. Cherchez et vous en repérerez plusieurs dans votre entourage, de ces pères et mères emblématiques de la famille nucléaire moderne, selon les sociologues. Compréhensifs, toujours à l'écoute, en symbiose avec leurs rejetons depuis la minute exacte de la conception. Impossible de revenir en arrière, les plis sont pris. Et puis leur situation actuelle est particulièrement délicate, jugez plutôt : à cinquante ans frappés, les Dumont habitent encore chez leurs enfants.

Statistiquement avéré, cet état de fait ne manque pas d'explications rationnelles, purement économiques et bêtement pratiques. Marché du travail et crise du logement, prolongement de la formation professionnelle ou des études, nos jeunes adultes nous la chantent deux générations sous le même toit. Et ils s'incrustent, nous pompent l'air, ruinent nos santés et nos maigres économies. Comment s'en débarrasser quand la voie est bloquée ? La solution : attendre que ça passe.

Psychologiquement, ce processus est des plus complexes. Pervers à long terme il induirait de dangereuses conséquences dans la vie affective et sexuelle de nos progénitures. Partagée de cette façon, bradée dans la confusion des rôles et le mélange des figures, l'intimité n'aurait plus ni goût ni vertu, ni vice intéressants. Les praticiens du divan s'en alarment et prédisent un douloureux retour de bâton. Qu'ils résumeraient avec moi, s'ils l'osaient, par ce proverbe éclairant : « Quand les parents tiennent la chandelle, les enfants ne savent plus la moucher. »

Les Dumont sont pris au piège de leur famille-cocon. Erigée en modèle, appelée de leurs vœux par les experts en éducation des années septante, cette dernière serait aujourd'hui contraire aux droits élémentaires de l'enfant. Maltraitante, elle briderait la révolte indispensable à la structuration d'une personnalité équilibrée. Car sous ses airs dégagés la famille fusio est étouffante, dominatrice, possessive. Et finalement aussi infantilisante que la précédente, trop patriarcale celle-là.

Ulcérés, les Dumont. Leur faire un coup pareil ! Eux qui, dans ce domaine, ont suivi les modes avec tant de discernement et de mesure.

Si, Si. Madame a voulu allaiter ses nourrissons à la demande. Monsieur l'a consciencieusement secondée, la nuit, c'est lui qui se levait, qui changeait les couches après la tétée. Et attention, quand le bébé hurlait, trépignait, ne se rendormait pas, de la musique, uniquement de la musique. En 1971 on savait déjà qu'elle traversait les siècles. On venait d'apprendre qu'elle transperçait le placenta.

C'est ainsi que, gavé des suites de Bach *in utero*, l'aîné des Dumont est devenu batteur de hard rock à l'adolescence. Sauvé par les poils.

VIVE LA MARIÉE

(A vendre : robe de mariée neuve, jamais utilisée, en peau de soie et dentelles, voile, chaussures, jupon, le tout Frs. 2200.–).

Ça s'est passé près de chez moi. Après la foire agricole, quelques jours avant le raout des investisseurs avertis, le Palais de Beaulieu accueillait le Salon du mariage. Le dimanche matin, au petit déjeuner, quand j'ai annoncé que j'allais y faire un tour, « On » a failli renverser son café. On s'est récrié, On a ironisé. On m'a mise au défi de trouver une raison valable, une seule, qui justifiât cette subite lubie. Je n'ai pas osé dire la vérité. Que j'y allais pour rêver. Alors j'ai inventé.

– J'ai rendez-vous avec Sylvie, une amie d'enfance. Inutile, tu ne la connais pas. Elle se marie le douze août prochain. Sa mère n'a pas pu se libérer, elle m'a demandé de la remplacer.

On s'est esclaffé bruyamment :

– Comme conseillère en mariage, je parie.

– Oui, parfaitement.

On s'est fâché. Quoi, par ce beau temps, cette lumière, ce ciel menthe à l'eau, par cette avancée inespérée du printemps, aller s'enfermer dans une halle surchauffée, quadrillée par des armées de fiancés béats et de parents tartignoles, à reluquer des robes de tussor ou de brocart ? Des kitscheries de tulle et de gaze, des voiles dégoulinant de strass ? Sans parler de ces couronnes de fleurs artificielles dont le port ridiculiserait la plus jolie des vierges de Lausanne.

– A supposer toutefois qu'il en subsiste une ou deux sur

le marché vaudois, a-t-On ajouté avec une finesse toute dominicale. Tu verras, leur truc ça va être le bide intégral. Personne ne se marie plus en grande pompe, de nos jours, c'est complètement ringard. Et d'ailleurs, un mariage sur deux se termine par un divorce.

J'ai essayé de répliquer. On est monté sur ses grands chevaux.

– Ma chère, c'est le Salon du mariage ou moi, tu choisis.

Dépitée, découragée, j'ai fini par céder. Et l'après-midi, je me suis tapé les bords du lac, à pied. J'ai boudé sans arrêt, à la vérité, j'étais horriblement triste, probable que je pressentais le drame.

Car le mariage, On n'était ni pour ni contre, mais On n'avait jamais été clair là-dessus. J'avais espéré qu'après quatre ans, On se laisserait convaincre, quatre ans de vie commune, ça n'est pas rien. Je pensais qu'On sauterait le pas, pour officialiser, marquer notre amour d'une pierre blanche. Je me faisais de ces illusions ! Une vraie midinette. Mais j'aimais tellement cette idée, la cérémonie religieuse, l'église décorée, parfumée de pétales multicolores, la fameuse marche nuptiale, l'orgue qui s'époumone, les mères qui versent leur goutte dans des mouchoirs brodés, et le père qui s'encouble d'émotion dans la traîne de sa fifille chérie.

– Je te rappelle que la plupart de tes copains ont accepté de se marier devant le curé ou le pasteur. Oui, parfaitement.

– En ânonnant des versets de leur cru, dans une de ces liturgies dévoyées, écrite avec les pieds, sous le regard mouillé de l'officiant démissionnaire, a-t-On glapi sous les voûtes du temple de Saint-Sulpice. Allez, assez glosé, le chapitre est clos. Tu viens, on continue ? Moi, j'y vais.

On m'a claqué la porte au nez. Je suis restée longtemps dans l'obscurité à ravaler mes larmes. Puis j'ai foncé pour le rattraper. On m'a gratifiée d'un sourire, On m'a repris gentiment la main. A Vidy, On m'a même offert un sachet de marrons grillés.

C'est vers la fin de la promenade que j'ai eu des visions. Assises sur leurs crinolines d'ottoman voguant sur l'eau, alanguies dans leurs guipures sur le gazon de Bellerive, suspendues par leurs manches gigot aux branches des saules pleureurs, je voyais des mariées partout.

Le lendemain, les journaux étaient unanimes, le Salon du mariage avait fait un malheur. En somme, tout le monde y était, sauf moi. Les allées n'avaient pas désempli du week-end : des traiteurs, des fleuristes, des photographes, des voyage-de-nocistes, des orchestres et des animateurs. Les quotidiens insistaient sur la présence d'un stand de la prévention contre les méfaits du tabac et de l'alcool. Et de celui, unique et œcuménique, des Eglises. Pour ces dernières, « toutes les occasions de se rapprocher du public sont bonnes. Ceux qui viennent nous voir sont des gens qui ont perdu le contact avec l'institution et ne savent pas comment s'y prendre pour préparer un mariage religieux. Nous leur donnons des informations de base. Leur indiquons, par exemple, à quelle paroisse ils appartiennent... »

Quant aux couturiers, stylistes et autres maisons de prêt-à-porter spécialisées, la presse leur promet un riche avenir. Coloré ou immaculé, le mariage classique est de retour. Ainsi que les fameuses listes de cadeaux que les magasins avaient enterrées un peu trop tôt.

Le lundi soir, donc, j'ai bien cru pouvoir crier victoire. Devant l'évidence, On s'était incliné, On s'était montré beau joueur. Pressé de questions, cuisiné sur Ses intentions, On n'avait pas exclu la possibilité qu'un jour, qui sait...

J'aurais dû m'en contenter. Je n'aurais pas dû enchérir. La goutte qui a fait déborder le vase, c'est la robe que j'ai enfin sortie de mon armoire. Une splendeur en peau de soie et dentelles de Saint-Gall. Déhoussée, elle m'a paru plus blanche néon que coquille d'oeuf. Je l'avais achetée en cachette, au Salon de Genève, l'année précédente, profitant d'une remise sur la totalité des accessoires, diadème et escarpins à paillettes compris.

Quand On l'a vue, bien réelle, tangible, On a pris peur, On a été lâche. On s'est tiré deux semaines plus tard avec Son rasoir et Son blaireau.

J'ai beaucoup pleuré. Aujourd'hui, je me dis que ça valait mieux. Une union libre qui ne résiste pas au mariage n'est pas viable, de toute façon. Bon débarras.

Ma petite annonce a paru le 19 février. Vous l'avez peut-être remarquée.

Dans *Léman Express*, oui, parfaitement.

LA VÉRANDA

La Gentille Portugaise l'a descendue au rez-de-chaussée vers dix heures, comme tous les jours. Elle l'a remerciée. A travers la verrière laquée de soleil, elle a cru voir des chatons dans les noisetiers et sur la pelouse reverdie, les grappes albâtre des perce-neige, les flammes des crocus. Elle en a déduit que le printemps était en avance. Puis s'est avisée que cela ne changerait rien à sa vie. Immobile, elle, hors saison.

D'après ses visiteurs, ça fait deux ans qu'on l'a transportée ici. Après sa chute et son col du fémur brisé. Avant, elle avait eu quelques petits problèmes de santé. Pas graves, minimes même.

– Mais à nonante-deux ans, avait insisté le médecin, on ne saurait être assez prudent. La Coudrière est un établissement réputé, très recherché. C'est exceptionnel qu'on puisse vous y accueillir aussi rapidement.

On lui avait attribué une chambre au nord, une chambre à deux lits qui donne sur la couronne des vieux cèdres. Une aubaine, sa compagne était quasiment muette. Elle aurait détesté devoir soutenir une conversation, ou subir les déballages impudiques et remâchés. Elle n'avait jamais été très liante. Avant, on l'accusait parfois d'indifférence, elle n'était que foncièrement indépendante. Son grand âge et sa situation actuelle présentaient au moins cet avantage : la libérer des conventions du vernis social.

A la Véranda, la Gentille Portugaise lui a proposé un fauteuil face au lac. Entre Madame D. et Mademoiselle S. Elle a refusé à cause de la lumière, aveuglante. Alors on l'a assise dos au paysage, auprès de la petite vieille qu'on attache pour qu'elle ne tombe pas. Et qui inlassablement fait mine de se lever. Au début, ces femmes pleines de tics, perdues dans leur monde grimaçant l'impressionnaient beaucoup. Aujourd'hui elle ne les remarque plus.

Calée dans son siège, elle a accroché sa canne à l'accoudoir. Croisé ses jambes et ramené ses bras osseux sur sa poitrine. Elle observe ses manches avec attention, hausse les sourcils, sourit. Ce chandail qu'on lui a mis, un tricot beigeasse avec des incrustations de lurex doré, inconnu au bataillon. Quand ses belles-sœurs (il n'y a que les femmes pour s'inquiéter de détails pareils) lui demanderont d'où il sort, elle répétera ce qu'elle répond dans ces occasions-là. Que ce sont des habits du home. Libre à elles d'enquêter pour savoir si les pensionnaires lèguent leur garde-robe à l'institution après leur décès. Elle, elle s'en fiche. Elle a oublié à quoi la sienne ressemblait. Elle ne s'en préoccupait pas avant, alors à présent...

– C'est Anne. Ta nièce. Tu ne me reconnais pas ?

Elle a dit oui, bien sûr, puis elle a baissé les yeux sur sa montre. Dix heures et demie. Elle a rarement des gens si tôt. A part ces cousins de Lausanne, comment s'appellent-ils ? Dix heures et demie, a-t-on idée.

– Il y a des semaines que je voulais venir. J'ai déménagé, tu sais. J'ai eu beaucoup de travail, je suis débordée, le temps file à une vitesse.

– Moi, c'est le contraire... L'après-midi, surtout... Non, je ne fais pas la sieste.

– Tu lis toujours autant ? Tu suis toujours les infos à la télévision ? Tu dors bien ?

Elle ne répondra pas. Ce chapelet de questions, c'est de l'inquisition. Et cette façon de lui crier dans les oreilles, d'articuler chaque syllabe. Elle n'est pas sourde, pas débile, elle est fatiguée, elle a faim, elle crève de faim.

Sa nièce Anne, la fille de son frère ? Quand l'a-t-elle vue pour la dernière fois ? Deux mois, six mois, une année ? Quelle importance. Elle est très aimable, elle s'escrime à trouver un sujet de conversation, raconte ses récents périples. Le Moyen-Orient, évidemment. Elles y ont vécu l'une et l'autre. Avant, ça l'aurait captivée, maintenant ça l'ennuie. Et tant pis si elle bâille, le menton collé au sternum. Elle attend onze heures et quart et son déjeuner. A table, elle dévore. L'infirmière la gronde mais elle ne peut pas s'en empêcher. Entre les repas, on la rationne. Au début, elle avait encore droit aux chocolats des cadeaux mais depuis quelque temps, on les lui interdit. Il paraît qu'elle exagérait, que ce n'était pas bon pour sa santé.

– Je vais m'en aller, ma chère tante, tu vas bientôt manger.

Elle n'a pas protesté. Elle ne l'a pas retenue. Elle l'aime bien, pourtant, cette nièce-là. Avant, elles étaient très proches, elles discutaient des heures et des heures, échangeaient des secrets, comparaient leurs expériences de mère et de femme. Elles avaient voyagé, passé des vacances ensemble. Anne a vieilli. Quel âge peut-elle avoir ? Plus de cinquante ans ? Elle est née après la guerre, non ?

Ca y est, la revoilà qui lui serre le poignet. La regarde fixement en promettant qu'elle reviendra, mais que sans voiture, c'est compliqué, que cette Coudrière, c'est au diable. Que la prochaine fois, elles marcheront jusqu'au bord du lac. Que la Gentille Portugaise l'aiderait et qu'à elles trois, il ferait beau voir qu'elles n'y arrivent pas.

Comme elle se donne du mal. Si seulement on avait la force de la dissuader. De lui expliquer ce qui lui ferait vraiment plaisir.

Que la prochaine fois (si il y en avait une) sa nièce ne l'oblige pas à une promenade. Qu'elle la laisse dans la Véranda, le dos au paysage, comme aujourd'hui. Qu'elle lui prenne la main, si elle y tient absolument, mais sans la secouer à chaque mot qu'elle prononce. Qu'elle la lui caresse doucement, à la rigueur, mais qu'elle reste tranquille à ses côtés. Sans lui parler, sans l'interroger. Juste sa présence, et leur ancienne connivence. Une simple communion dans les silences bleutés du souvenir.

BORDERLINE

Mon immeuble est un des derniers de la ville. Un rempart de béton dressé sur la frontière. Depuis sept mois que je l'habite, lorsque j'ouvre la fenêtre de ma chambre je m'évade à l'étranger. Mon corps et mes biens restent à Lausanne, mon regard fait le mur. Prilly, extrémité ouest de son territoire, les bâtiments de l'hôpital psychiatrique de Cery. Impossible d'ignorer ces blocs gris rouge, et la somme des souffrances qui s'y sont abritées.

Le passé monte à l'attaque, et avec lui, le souvenir poignant d'un frère mort de sa folie, il y a juste neuf ans. Chaque matin, je lutte contre la tentation d'un inutile pèlerinage, je résiste à la nostalgie fraternelle. Des contrées ennemies de la mémoire, de l'apitoiement crânement refoulé, je reviens fortifiée. Un sourire aux nuages, un autre à la vie, ma journée peut débuter. Le tableau familier réintègre son cadre, retrouve ses proportions et ses lignes de fuite.

Plus tard, de ma table de travail, quand mes yeux et mes mots se seront fatigués, je m'y ressourcerai. La toile s'animera, les motifs, les personnages renaîtront. Et comme toujours, depuis sept mois que je les observe, au premier plan, il y aura le paysan, son tracteur et son champ. En baromètre de mes saisons.

Le paysan, d'abord. Un vrai de vrai, et si heureux de l'être qu'on l'entend parfois chanter en piquetant ou en tendant ses fils barbelés. Le classique agriculteur vaudois avec casquette Rivella, cigare au bec et bottes aux pieds. Un jovial retenu dont la parole s'emballe contre les « citadins », contre ces « malhonnêtes » qui, de leur voiture, font déféquer leur chien dans ses semis.

Le tracteur et ses accessoires, ensuite. Un modèle d'exposition, briqué, astiqué à la cire brillante, bijou de technicité et d'adaptabilité, une monture de gala qui hisse et abaisse son arrière-train au millimètre, plante la graine à la pièce, crache son lisier au décilitre, une bête de scène que les promeneurs en bras de chemise contemplent du chemin forestier, l'œil écarquillé.

Le champ, enfin, régulièrement labouré, ensemencé, puriné, fauché, chouchouté. Rien à voir avec un de ces maigrelets mal levés qui trahit sa subvention fédérale, non, un champ de blé gras, compact, un champ de photographe. Aujourd'hui, il est encore nu rasé, de bistre et d'ocre. Que la bise se lasse et demain déjà il se couvrira d'un léger duvet amande.

A droite, une prairie coule de la Blécherette, pente douce sous les boqueteaux de hêtres. Une terre bosselée de taupinières, nouée de racines dénudées. Les chats du quartier s'y font les griffes sous la lune, en feulant leurs amours alternées, remplacés dès l'aube par les colloques de corneilles et les atterrissages stridents des rapaces affamés. Le jour, les vaches du paysan y broutent, collées les unes aux autres. Ce sont de belles vaches de ville, bien élevées, la clochette polie et la bouse discrète.

A gauche, plus au loin, la ferme et son triple silo. A côté, le verger sur son tapis vert, l'enclos d'un jardin qu'on devine potager, de vieilles granges, leurs toits bernois tirés bas sur les yeux. Et un deuxième champ qui lance ses sillons droit vers le ciel butant sur l'horizon crayonné de pylônes électriques.

Barrant cette campagne idyllique, la bretelle d'autoroute. Quand je travaille, pas besoin de montre, c'est au trafic que je mesure mon temps. Derrière ma fenêtre fermée, les voitures pendules défilent sans bruit, innocents jouets sur une maquette, semblables aux Dinky Toys de mon frère Philippe. Les seules que sa maladie lui aura permis de conduire.

Le soir, avant de rabattre les lamelles du store, je repasserai la frontière pour les adieux coutumiers. Bonne nuit à Cery, cube gris plombé, portes aux loquets bloqués, corridors baignés de lueurs sépulcrales. Salut à vous, dormez en paix, asiles d'ici et d'ailleurs.

Salut à Bellelay, destination des « autos jaunes » de mon enfance biennoise. Salut à Perreux, nef bucolique des aliénés neuchâtelois, Perreux des visites au frère altéré, ses vingt ans ligotés d'hallucinations. Philippe, son brillant cerveau partagé jusqu'à la fin entre monde et enfer. Me reviennent à l'esprit ses récits d'illuminé, ses descriptions froides et cliniques des chambres d'observation, des pathologies mélangées d'avant le tri. Philippe, insupportablement conscient de sa propre « folie raisonneuse », persuadé pourtant qu'il s'en sortirait.

Dans ses lettres que j'ai gardées précieusement, parmi les propos désordonnés, les fulgurances noires de visionnaire, je relis cet espoir sans cesse bafoué, et ses promesses répétées de guérison. Un jour, il gagnerait la bataille, puis la guerre. Alors, il ressauterait la frontière pour nous rejoindre.

TERRE D'ORIENT

Je suis mort comme j'ai vécu, en exil. J'ai traversé mes quatre-vingt-six ans comme on traverse un champ de mines. Les guerres m'ont poursuivi partout.
   J'ai rendu l'âme pendant celle du Golfe. A Beyrouth, dans mon lit. Je suis parti paisiblement, sans autre douleur que l'intraitable nostalgie des contrées natales.
   Toute ma vie j'aurai espéré le retour. Aujourd'hui plus qu'hier cet espoir est condamné. Dix ans après mon décès, il faudra donc que je l'admette : personne ne portera plus mon corps au cimetière de notre village. Jamais mon linceul ne se recouvrira de la terre de nos orangeraies.
   Je suis mort de mort naturelle. Une chance. J'aurais pu crever cent fois sous la mitraille. Ou trépasser d'ennui à Lutry, en Suisse.
   C'est là que je me réfugiais quand la situation devenait intenable. Odile, ma deuxième femme, l'exigeait absolument. Elle refusait de m'accompagner au Liban depuis belle lurette. Depuis l'invasion israélienne de 1978 exactement. Elle se disait trop vieille pour subir couvre-feux et restrictions. Les attentats, les assassinats, les francs-tireurs à chaque carrefour, derrière chaque fenêtre. « A nos âges, s'emportait-elle, aller se flanquer dans la gueule du loup ! » Je palabrais, elle insistait, menaçait. Elle me traitait de fou. Elle n'avait pas tort. Je ne me sentais bien nulle part. A peine avais-je repris mes habitudes à Lutry que Beyrouth et la mer me manquaient. Alors, dès que l'aéroport rouvrait, je m'envolais.
   Là-bas je ne pouvais que constater les dégâts. Voir mon quartier se transformer au gré des alliances changeantes et

meurtrières, ses habitants chassés, leurs demeures pilonnées, occupées par les vagues successives de miliciens, de phalangistes, de commandos sauvages. Par miracle, excepté des vitres brisées, mon immeuble n'a pas été touché.

Là-bas, très vite, je me suis retrouvé seul. Mes vieux amis avaient fui les combats. Mes frères s'étaient établis en Floride, ma sœur, à Damas. Quant à mes fils, ils avaient définitivement émigré à Londres et au Koweit après la guerre du 10 Ramadan. A mon dernier voyage je n'avais plus aucune famille sur place. A part Selma, Allah la bénisse, une Palestinienne que nous avions emmenée avec nous en 1948. Selma la cuisinière, la nourrice de mes enfants, Selma qui a soigné puis aidé ma première épouse à mourir dignement, Selma qui a veillé des années sur mes biens, gardé l'appartement sous les bombardements. Selma m'est restée fidèle jusqu'au bout.

Elle m'a fermé les yeux, le 20 janvier 1991. A Beyrouth. Et c'est tant mieux. En Suisse, je les aurais embarrassés, Odile n'aurait pas su se débrouiller. L'ensevelissement, le cimetière. Je suis musulman, elle non. Elle s'était pourtant convertie lors de notre mariage libanais. Elle avait parfaitement joué le jeu. Répété devant l'imam qu'il n'y a de Dieu qu'Allah et que Mohammed est Son Envoyé. Elle s'était préparée, avait lu les Sourates Essentielles du Coran dans la traduction ampoulée de Mardrus qui traînait sur ma bibliothèque. Elle s'était émerveillée de leur lyrisme, de leur poésie. Odile était une incorrigible romantique, marquée par l'orientalisme colonial de sa jeunesse.

Pour notre mariage à Lausanne nous avions eu le choix bienvenu de la laïcité. A des fiancés récidivistes de soixante et soixante-trois ans, veufs l'un et l'autre, la cérémonie religieuse ne s'imposait pas. Sa parenté en avait convenu très facilement. Imaginez : un Arabe, devant leur autel, fut-il francophile et vénérable ...

Je suis méchant parce que je suis mort. Vivant, je ne me serais pas permis semblable pensée. D'autant moins que les

Suisses m'avaient accueilli à bras ouverts. Je leur plaisais. J'y mettais du mien, je me gardais de prendre position, j'évitais les sujets brûlants, la politique. Je ne parlais pas de l'exode, ou alors sommairement et sans rancœur apparente. Fatalisme oriental, pensait-on. Pour eux, j'étais devenu un Palestinien neutre, une identité nomade, virtuelle. Un de ces Levantins cosmopolites, forcément riches et distingués. Un honnête homme épris de paix. A mille lieues de tous les nationalismes. De tous les intégrismes. Inoffensif, j'étais plaint, à défaut d'être compris.

Lorsque je l'ai connue, Odile était une jeune et brillante archéologue qui participait à des fouilles en Palestine. Je terminais ma licence de chimie à Montpellier. En vacances au pays, je l'avais croisée chez ses logeurs, des cousins éloignés de ma mère. Le coup de foudre fut instantané et réciproque. Nous nous sommes aimés follement, quatre mois durant. Puis, trop conscients que nos familles n'accepteraient jamais notre union, nous nous étions séparés. Rentrée à Lausanne, Odile s'était mariée, avait eu ses enfants. Moi, mon doctorat en poche, j'étais revenu en Palestine. J'avais travaillé pour les Anglais, dans l'industrie des engrais, sillonnant le Proche-Orient à la recherche de nouveaux clients. En pleine deuxième guerre mondiale, j'avais épousé Dinah, une jeune fille de mon milieu, agréée par mes parents.

En 1948, j'avais tout perdu. Les maisons de Jaffa et de Nablus, les plantations, les terrains au village. Je m'étais réfugié à Beyrouth avec les miens. Fayçal, mon cadet, venait d'avoir une semaine. Drôle de date de naissance pour un Palestinien.

Odile et moi, nous nous sommes écrit une lettre par semaine, puis une par mois, une par année. L'Histoire nous avait peu à peu effacés de notre propre histoire. Exilés l'un de l'autre éternellement, croyions-nous. Trente-quatre ans après notre première rencontre, de passage à Genève, je lui ai téléphoné. Elle est venue au rendez-vous, et ce fut le même embrasement. Nous étions vieux, mais nous n'avions pas vieilli. Amoureux de nos souvenirs, de nos images intactes, nous avons aboli le temps. Et décidé de ne plus nous quitter.

C'était avant la guerre. Laquelle ? Je commence à les confondre. Le Liban était encore indépendant. Un pays fertile de plaines et de montagnes, multiethnique, multiconfessionnel, multiculturel. Un petit pays prospère de banques et de libre-échange. On l'appelait la Suisse du Moyen-Orient.

J'y suis mort comme j'y ai vécu. En exil.

JOURNAL D'UNE MÈRE I

Ce que je redoutais est arrivé. Estimant que je suis désormais trop âgée pour organiser le Noël de famille, mes filles ont résolu, sans me demander mon avis, de s'en occuper à tour de rôle chaque année, et cela dès le 24 décembre prochain. Sept semaines pour m'habituer à cette idée. J'ai essayé de protester, de les amadouer. Inflexibilité absolue de part et d'autre.

Anne prétend que ces réjouissances me fatiguent exagérément, Isabelle enchérit sur mon cœur qui péclote, mon asthme, mes pertes d'équilibre. Les deux considèrent que je suis incapable de franchir le pas, qu'à presque huitante ans, il serait temps que je réalise que je n'en ai plus vingt (textuel). Leur père les approuve, ça va de soi. Pauvre Pierre, qui se plaint que je le torture en bourrant son agenda de rendez-vous.

Me voilà donc officiellement vieille. Une sale maladie dont on se relève rarement. D'autant plus cruelle qu'elle passe inaperçue aux yeux de la malade elle-même. Dans ma tête, j'en conviens, j'ai encore soixante ans, c'est sur ces chiffres-là du moins que j'avais bloqué ma pendule. Mes filles, avec leur impérative sollicitude, me l'ont brutalement remise à l'heure, la pendule.

Mais jamais, au grand jamais, je ne leur confesserai ce que je vais me permettre d'écrire ici. Aujourd'hui, en effet, je me sens épuisée, usée jusqu'à la corde. J'ai cédé à mon envie de me coucher après le repas de midi. J'ai dormi deux heures entières, la bouche ouverte sous mes lunettes. Aujourd'hui, oui, j'ai peur de continuer à vivre, quand vivre est un travail. Peur d'avoir une attaque. Peur de tomber, peur de devoir renoncer à conduire, d'être à la charge de mes enfants, de barber mes petits-enfants. Peur de perdre la maîtrise des choses, et la face par conséquent.

Longue conversation téléphonique avec Anne. Le menu du Réveillon lui pose problème. La dinde aux marrons semble éliminée, le foie gras itou. Place au chapon nature et à la terrine de légumes « plus digestes pour papa et toi ». Toujours cette bienveillance, cette prévenance appuyée. En attendant, quand je lui ai proposé d'apporter mes célèbres bricelets au cumin, les étoiles à la cannelle, les anis, les milans et un dessert, elle n'a pas dit non. Elle insistait pour une mousse au citron, là j'ai refusé. Ces interminables fouettages au bain-marie ne sont plus de mon âge, que je lui ai rétorqué.

Mon aînée développe un défaut rédhibitoire. Elle vieillit, et plus elle vieillit, plus elle me ressemble. Le fameux « Surveiller et Punir » qu'elle me reprochait en pleine vague soixante-huitarde, la voilà qui me le rend au centuple. L'été dernier, après avoir bazardé mes Scholl en bois flambant neuves, elle m'a traînée chez un géronto-panardiste diplômé. Ça m'a coûté le lard du chat, des sandales orthopédiques hideuses que j'ai été condamnée à porter pendant toute la durée de ses vacances chez nous.

L'hiver, elle inspecte les crampons de mes bottes, le profil de mes semelles, leur stabilité générale. Une garagiste achevée. Avant-hier, à propos de cadeau de Noël, elle m'a reparlé de La Canne (très élégante, tu sais, avec un ravissant pommeau d'argent en forme de canard). Je l'ai remballée sèchement. Je parierais qu'elle échafaude déjà son plan pour me persuader d'abandonner le volant, elle qui n'a pas son permis, moi qui réussis l'Examen des Vieux Conducteurs les doigts dans le nez à chaque fois !

Sa plus récente marotte, c'est de nous interdire la sortie du jardin qui donne directement sur la route. L'escalier trop raide, la visibilité quasi nulle. « Papa n'entend pas les voitures venir, et toi, tu le suis les yeux fermés ! Avec le chien, vos sacs à commissions remplis à ras bord... tu verras qu'un beau jour, vous allez y rester ». Et bien, tu seras orpheline plus vite, fifille, et là où on sera, tu nous ficheras enfin la paix, que j'ai pensé.

Avec Anne, j'aurais tendance à être un peu brusque, elle est si impulsive, tellement soupe au lait. Avec la cadette, plus politique, plus sobre aussi, je me contrôle mieux, mais les deux me cassent également les bonbons. Elles s'accordent à merveille quand il s'agit de me faire des reproches. Il paraît que je me consacre trop aux malheurs des autres, par exemple, et que ces malheurs ont une fâcheuse tendance à déteindre sur mon moral. Elles soutiennent que je m'étourdis à dessein, afin ne pas avoir à ruminer les miens, de malheurs.

Et quand cela serait ? Où serait le mal ? A mon âge, le passé n'est pas un calcul gratifiant. Plus d'addition possible, que des diminutions. Alors regarder en arrière, les dépôts de bilan, très peu pour moi. Et puis aider mon prochain m'est aussi nécessaire que respirer. J'ai été élevée comme ça, en un temps où les valeurs chrétiennes avaient un sens, le partage, l'altruisme, un minimum d'empathie... Les visites à faire, même à l'hôpital, même dans un EMS, c'est encore du futur. Le futur, à quatre-vingts ans, c'est de l'or en barre. Ça, mes filles sont trop jeunes, elles ne peuvent pas le comprendre.

Je puise souvent dans mes réserves nerveuses, je l'admets. Ces souffrances additionnées, ces agonies finissent par me peser lourd sur le cœur. Début novembre, on a dû amputer Jean-Claude de la jambe droite. Jacqueline s'est brisé une vertèbre en toussant. Et puis Malou, Gaston, Robert, Marcel, quatre de nos meilleurs amis décédés à la chaîne. La plupart de mes copines sont veuves.

Dieu merci, Pierre, lui, se porte bien. S'il préside autant de sociétés, c'est précisément parce qu'il est l'un des seuls à résister. Ses contemporains de 1920, ses camarades d'études et de travail disparaissent des listes à la vitesse grand V. Nécrologue attitré, mon bon vivant de mari devient un spécialiste très recherché de l'oraison funèbre civile. Au point que les pasteurs et les curés de la région commencent à le reconnaître dans la rue, lui qui ne mettait les pieds à l'église que quand il lui tombait un œil.

JOURNAL D'UNE MÈRE II

Café rituel de fin de courses en ville avec Isabelle. Le mardi après-midi elle a congé et fait ses provisions hebdomadaires. Son horaire actuel est démentiel. Je lui ai trouvé mauvaise mine, elle a maigri. L'enseignement est un métier exigeant. Ma fille cadette a tout de même cinquante ans, et puis ses élèves sont de plus en plus rebelles. Jusqu'à présent, par chance, elle n'a pas eu de gros problèmes de discipline. Une autorité naturelle, comme dit son père. Quand je me tracasse pour elle, elle m'assure que son métier la captive. « Parlons plutôt de tes huitante ans, maman. Tu as reçu des réponses ? »

La Fête aura donc lieu. Je ne sais pas si je me réjouis. Au départ, j'étais carrément réticente. L'idée de ces célébrations me met mal à l'aise. Y a-t'-il un quelconque mérite à avoir vécu ? D'après mes filles, la cérémonie s'annonce sous les meilleurs auspices. La salle est réservée, le plan de table défini. Mon beau-fils se charge de régler la succession des plats et l'alternance des inévitables productions. Nos amis vont se fendre d'un compliment à rallonges, c'est la coutume. Mes petits-enfants chanteront une chanson dont ils auront travesti les paroles. Et je viens d'apprendre que mes deux filles se rencontrent dimanche pour concocter leur éloge. Gare ! Pour les huitante ans de leur père, étonnamment, elles avaient mis des gants, des couronnes et des fleurs à foison, à la limite de l'enterrement de première classe.

Pour moi, je le crains, elles vont opérer à mains nues. Souligner mon goût supposé du sacrifice et mon sens de l'économie, pour entonner ensuite l'antienne habituelle, que je vois trop d'éclopés, que je ne me repose pas assez, bref, un feu d'artifice dont je devine aisément le bouquet final : « Ton calendrier va exploser, maman et notre père avec. N'accapare pas ses journées en permanence. Papa a changé, depuis sa retraite il est devenu un contemplatif. » Un contemplatif, soit. Mais un de ceux qui, si on le laissait faire, préférerait la télévision aux inépuisables beautés de la nature.

Bien entendu, mes filles omettront de noter que je fréquente davantage de gens en santé que de malades. Nos relations sont des personnes de tous âges et de tous horizons. Nous sommes beaucoup invités et notre table est toujours ouverte.

Grâce à ces contacts soigneusement entretenus, grâce à ces mélanges de générations, je force leur père à garder les deux pieds dans la réalité. Celle des rapports sociaux effectifs, celle des récits de vie active, ce quotidien laborieux et guerrier que nous avons oublié. Culturellement encore je nous tiens au courant, cinéma, concerts, expos, je pousse sans cesse à la roue. Pierre râle pour la forme et se plaint pour la galerie. Au fond il m'est reconnaissant, il concède que sans moi il aurait viré ermite. Et serait mort d'ennui.

Cinq heures trente d'un matin plombé. J'ai affreusement mal dormi. Levée sans bruit, je me détaille dans le miroir de la salle de bains. Le sort en est jeté, ma vieille, tes huitante ans sont révolus. Je repense à cette phrase de Mauriac qui chaque année me paraît plus justifiée, « Notre vie si longue... qu'elle a été courte ! »

Un clin d'œil et j'ai vingt-deux ans. Je joue les soubrettes dans une troupe de théâtre amateur et j'adore ça. J'ai hâte de me rendre à ma répétition. Abonné aux vieillards atrabilaires, Pierre me donnera la réplique sur la scène. C'est mon soupirant, presque mon fiancé, il m'attend en bas de l'immeuble. Il a appuyé son vélo contre la barrière. Assis sur le muret du jardin, il a allumé une Players puis s'est mis à réciter son rôle à mi-voix. Je revois ses cheveux aplatis à la brillantine, tirés au cordeau sur la nuque. Sa joue veloutée lavande, son profil fondu dans le col relevé de son trench-coat. Nous nous aimons, mais c'est la guerre et notre ciel est en sursis. Lors de chacune de ses permissions, nous marchons des heures, nous pédalons des kilomètres. Et nous nous embrassons des nuits entières dans les refuges complices de l'obscurcissement.

Je prépare mon petit déjeuner, dernier repas avant la Fête. Pierre et le chien ronflent en stéréo. Vite, ces quelques lignes, dans ce énième cahier que personne n'aura la patience de lire. J'ai déjà averti mes filles qu'elles allaient être déçues si elles espéraient y dénicher des révélations sur mon être profond ou mes aventures amoureuses. Je ne suis ni Amiel ni Anaïs Nin, et ma vérité reste à écrire.

Non, ce journal n'est pas mon intime, juste un procès-verbal qui n'a d'autre but que de récapituler les péripéties d'une existence très programmée. Rendez-vous, recettes, commentaires, itinéraires de voyages, ce fourre-tout est censé remplacer quelques neurones déficients le moment venu. Une mémoire de réserve, en somme. Un livre de raison.

Mon tailleur de gala gît inanimé sur mon lit. Il est rouge pétant, avec un col marine. Quand elles l'ont découvert, mes filles l'ont d'abord admiré. « Bien, la couleur, maman. Mais la jupe... plus courte, la jupe ! Tu as de belles jambes et tu en as deux. Alors montre-les ! » C'est fou ce qu'elles sont gentilles, ces temps.

(...) Extrait du discours d'Anne et Isabelle :
« Mettez-vous un peu à ma place ! » nous demandais-tu lorsqu'on était gamines. A l'époque, l'aurait-on voulu qu'on ne l'aurait pas pu. Pour nous, tu étais un mystère, notre protectrice certes, mais aussi une femme de caractère, aux réactions imprévisibles, une créature étrange. A l'adolescence, nous t'avons contestée, niée parfois. Tu t'es crue rejetée.

Mères à notre tour, nous nous sommes senties proches de toi, solidaires. Aujourd'hui, le cap de nos cinquante ans dépassé, nous avons l'impression de te comprendre enfin. Et de t'aimer vraiment. Chère maman, nous levons nos verres à notre éternité commune ! »

FEMMES DANS UNE SALLE D'ATTENTE

– Trois heures. J'avais rendez-vous à deux heures et quart, et vous ?
– Une heure et demie...
La scène se passe chez mon nouveau médecin. A voir les nombreux diplômes encadrés d'or fin sur les parois, ce spécialiste possède les qualités nécessaires à l'exercice de son art. La planification horaire exceptée.
A sa décharge on pourra toujours invoquer l'incapacité de son secrétariat : exclusivement féminin, il aura bon dos. Ou stigmatiser le sexe de sa salle d'attente, joliment féminin lui aussi. Jeune ou vieille, qu'elle se plaigne ou qu'elle exulte, la patiente du gynécologue est une incorrigible bavarde. Son rendez-vous obtenu de haute lutte téléphonique (vingt minutes de consultation réservées de longue date), une fois le seuil du précieux cabinet franchi, elle révèle enfin sa nature profonde. Un monstre d'égoïsme. Chacune pour soi, et que les autres poireautent.
Actuellement, nous sommes quatre à nous morfondre, le papier glacé des revues *people* étalé sur les genoux. Mais l'enterrement de Margaret est déjà loin, Céline Dion maman depuis un siècle, et les huit déesses d'Ozon ont l'œil fripé sous les ridules des pages froissées, malmenées dans l'angoisse ou l'impatience. Examens humiliants à venir, ixième panne d'éprouvette, résultats d'analyse. Et cette boule au sein, ces saignements, un cancer, un dérèglement passager ?
Durs destins que les destins femelles. Nos lignes de vie hésitant constamment entre l'amas régulier de lunes empilées et le calendrier chaotique de nos révolutions hormo-

nales. La femme est une pendule rétive, l'indomptable balancier du monde.

– Il suffit de mal tomber, vous savez. Une urgence, une naissance et c'est reparti pour un tour.

L'accent de la belle brune assise en face de moi m'est familier. Téhéran ? *Balé, balé*, comment avez-vous deviné ? Madame, ravie, me pose mille questions futiles avant de s'embarquer sur le bateau de la considération politique obligatoire. Au chapitre rebattu de la condition de la femme en terres d'Islam, je lui signale quelques adresses Internet. A l'évocation de sites féministes iraniens, Madame pouffe dans ses bagues émeraude.

Madame est très distinguée, très élégante. Riche. Nous n'avons rien en commun si ce n'est notre âge et notre gynécologue. Et pourtant, compagne éphémère des frustrations de salles d'attente, elle m'écoute, me répond et je fais pareil. L'essentiel étant de meubler ce silence composite, alourdi de peurs et de parfums.

A ma gauche, une gazelle andine. La cape bleutée de ses cheveux lui tombe bas sur les hanches. Eclair du regard dans l'aura vibrante de sa jeunesse.

– Moi ? De Lima. Chez nous, vous savez, la majorité des femmes n'en mène pas large non plus. Pas voilée, mais pas mal exploitée quand même, la Péruvienne.

Le ventre moulé en œuf de Pâques pointe sous la chasuble rose fluo. « Ça, c'est le garçon garanti, croyez-moi, les filles, elles, s'enroulent autour de la taille » prédit la sibylle iranienne. « Mon mari voudrait un fils, claro ! » sourit la Latine. Macho ? Pas trop. Ce qu'il faut pour se sentir protégée. L'homme d'ici, elle le trouve mou. Madame Téhéran s'insurge contre cette généralisation. Au fond, mous ou pas, orientaux ou occidentaux, il y a ceux qui assument leurs responsabilités et les autres. Voilà l'unique classification.

La future maman applaudit bruyamment. Enchaîne sur une ode au mâle universel et responsable, jongle avec les mots et les sons, s'agite en tous sens, les doigts en éventail au bout de ses bras de danseuse. Dans deux semaines, elle allaitera son bébé. Le corps rassemblé elle s'adonnera en silence à la communion originelle.

– Et vous, l'accouchement, pour bientôt ?

Ma voisine de droite (Somalienne, Erythréenne ?) médite, les mains en coquille sur les cuisses, la pupille vissée au mur. Sa robe de dentelle multicolore n'a pas été tissée à Saint-Gall. Sur le cou de pied chocolat, la lanière tressée d'une sandale rappelle l'Afrique et ses soleils de sable.

Une patience d'ange coule de ses épaules, ses soupirs ont des ailes, ils ne traduisent aucun énervement. Un entêtement serein, l'acceptation momentanée de son impuissance sur les choses. Elle ne nous comprend pas mais elle paraît heureuse, fortifiée par notre seule présence. Femmes, ceinture de sécurité.

Elle aimerait pouvoir échanger, rire avec elles. Leur expliquer que le français, c'est vraiment du chinois. Elle a essayé de suivre des cours. Trop difficiles à caser dans ses activités de couturière. Et puis avec ce troisième bébé qui s'annonce. Dommage que son aîné ne soit pas avec elle, il saurait lui traduire ce qu'elles racontent. Son fils est son sésame. Mais il est à l'école du matin au soir. C'est un bon élève, un gosse sans problèmes. Toujours prêt à l'aider.

Le père, lui, n'a jamais le temps de s'occuper d'eux. Il travaille depuis quatre ans dans les cuisines d'un restaurant. Il gagne honnêtement sa vie, et la leur. Il est en règle. Réfugié, mais en règle. Son existence est officielle, sa famille regroupée, il ne doit plus rien à personne. A sa femme d'en ficher un coup, maintenant. Qu'elle s'adapte, qu'elle s'intègre, qu'elle fasse un effort, qu'elle se bouge un peu, pour l'amour de Dieu.

UN BOUDDHA DANS LA MAISON

Il est apparu un lundi. On l'a d'abord conduit au salon. Elle ne se rappelle pas l'heure exacte, mais la lumière qui plombait la pièce à cet instant précis, elle pourrait la peindre si elle en avait le talent. Avec, sur sa palette, de l'olive et du gris.

Elle n'avait pas voulu l'éclairer tout de suite. L'apprivoiser lui semblait plus important que de l'appréhender dans sa réalité brute. C'est lui qui, peu à peu, s'est imposé. Il a investi l'espace, puis s'est fixé définitivement. Alors elle a dû se résoudre à sa présence. Accepter que ce bouddha de pierre ait sa propre existence. Elle l'a baptisé Jim. Par opposition à Jules, son compagnon de chair.

Jim pour un bouddha, ce n'est pas courant, s'est-on dépêché de lui faire remarquer. Pas très digne non plus, ce mélange de sacré et de profane. Les gens ne comprennent rien à rien. Jim est leur intime, à Jules et à elle. Leur dieu lare domestique et familier. Il veille sur leurs nuits et assiste leurs réveils. Ils ne pourraient plus envisager de s'en séparer. Jim est comme une alliance qu'ils auraient choisie ensemble.

Ils l'avaient commandé sur un coup de coeur. Non que l'Eveillé et ses représentations les eussent particulièrement exaltés. Pas la moindre tentation religieuse ou philosophique là-dessous. Un concours de circonstances. Une visite d'atelier. La grâce d'une œuvre similaire destinée à un adepte du Véhicule. La longue amitié qui les lie à l'artiste a fait le reste.

L'artiste, justement. Une des premières et rares femmes diplômées de la taille de pierre en Suisse.

Dessinatrice technique de formation, elle avait pratiqué

quelques années, s'ennuyant dur sur sa table. Un beau matin, dégoûtée de la ligne droite et du plan, elle avait quitté règle et compas sans un regard en arrière. Attirée par la sculpture dès l'enfance, elle allait céder à sa véritable vocation.

De ce moment-là, en effet, elle ne rêva plus que de taper dans d'immenses cailloux qui n'en pouvaient mais. Irrépressible impulsion, se coltiner à la matière, en extraire des formes vivantes, des présences cachées mais indéniables.

Elle fut d'abord apprentie chez un marbrier. Plutôt belle, elle eut de la peine à se faire respecter sur des chantiers exclusivement masculins. A guerroyer contre tant de préjugés, elle devint plus forte, plus femme paradoxalement. Ses répliques aux attaques misogynes se firent de jour en jour plus astucieuses, humour et déculpabilisation, sa recette fit merveille. Les bras noueux de Sicile ou de Galice se mirent à filer doux.

On lui bâtit une réputation à sa mesure. Elle se retrouva mascotte et confidente. On lui raconta les douleurs de l'exil. On lui présenta les épouses et les filles. Elle fut invitée aux mariages, aux communions. Du pays, on lui ramena des vins doux, des liqueurs de caroube.

Puis, son métier ayant atteint la perfection exigée, adoubée par ses Compagnons, elle fut élevée au rang de Tailleur de pierre. Un authentique, avec la boule de corne sur le petit doigt de la main gauche, stigmate irréfutable de la profession. L'outil forme l'homme.

Dès lors, promue employée de l'entreprise, elle a couru les parcs et les cimetières, décoré mille tombes, posé mille dalles, monté mille monuments. Gravé des sapins, des gentianes, et des kyrielles de gerbes de blé sur le granit et le calcaire. Elle a sauvé des fontaines, restauré des fermes classées, leurs meneaux et leurs linteaux. Elle a exécuté des maquettes, réalisé les désirs des autres. A ses heures perdues, la semaine et les congés, elle se risquait à créer pour elle seule.

Ses débuts dans l'Art furent remarqués. Elle participa à des concours, en gagna. Articles de journaux, portraits, interviews, comme une grande, elle eut son press-book, ses galeristes, et même un agent. Comme une pure, elle se fit rouler. Omit de cultiver son suivi médiatique. Méprisa les ronds de jambe des vernissages branchés. Indépendante, elle misa son avenir entier sur le bouche-à-oreille. Elle renonça à son emploi rémunéré, à sa paie mensuelle. A son statut de consommatrice, de citoyenne moderne.

Aujourd'hui elle est marginalisée. Ses travaux alimentaires l'étranglent, la fatiguent. Son corps faiblit. On peut tenir la plume jusqu'à la mort, pas la massette.

Son atelier est un moulin envahi d'originaux sympathiques, de cafardeux en quête de compassion, de désœuvrés bien plus riches qu'elle. Bonne poire, petite sœur laïque, elle leur remonte le moral, les installe à sa table et les nourrit. Se privant ainsi de la solitude indispensable à son inspiration.

Elle voudrait partir, sculpter ailleurs, là où elle serait tranquille. S'acheter de la pierre neuve de temps en temps. Le percepteur, persuadé qu'elle ment, qu'il est impossible de vivre dans notre société en se contentant de si peu, la poursuit de ses ardeurs depuis quatre ans. Lui recommande les services de l'aide sociale. Il n'y a pas de honte à ça, lui serine-t-il. Elle, elle estime que oui. Elle est terriblement démodée ? Tant pis, elle ne capitulera pas. Alors, elle continue, elle résiste contre vents et marées.

Aux périodes d'amertume, elle se sent enchaînée. Quand le bonheur la prend, elle se dit libre. Jim est né de cette liberté. Taillé dans un bloc de serpentine, il est là, fraternel et absent. Grandeur nature, sa tête vert de nuit est tranchée net à la hauteur de la carotide. Le chignon boule, la narine sensuelle, la mâchoire de lion, les lobes pleins de noblesse, l'artiste a sacrifié à la statuaire traditionnelle et légendaire. Ce sourire détaché, ce front imperturbable, Jim, c'est la souffrance abolie, pour l'éternité.

VOUS QUI PASSEZ SANS ME VOIR

Voilà, c'est l'Eté. Saison des amours et des leurres. Séduction obligatoire. Et il faudrait que je me pâme avec les autres ? Que j'ulule mon allégresse à la lune, que je m'égosille dès l'aube, telle la merlette frétillant du croupion dans les sous-bois ?

Exclu. Que l'Eté ne compte pas sur moi cette année. Ses loukoums sucrés commencent à m'écœurer. Je viens de m'inscrire aux adorés absents. L'Eté, il y belle lurette que j'ai deviné son jeu, c'est un faux jeton, un tricheur. Une saison barbare qui vous dénude et crûment vous révèle.

Debout devant ma glace, je ne me salue plus. Je ne me reconnais plus. Moi, ce corps mou, ce visage bouffi ? Non, non, vous devez confondre. Nous avons déjà été présentées ? Pardonnez-moi, je n'en ai aucun souvenir. Qui suis-je pour avoir osé changer à ce point ? Qui a autorisé cette contrefaçon sans me consulter ?

Vaine et tardive révolte, trou de mémoire pathétique. Miroir, mon beau miroir, c'est l'Eté et tu ne réponds pas. Toi d'habitude si bavard au moindre rayon de soleil. Je n'arrête pas de vieillir le soir à la chandelle. Est-ce une raison pour me priver de tes services ?

Eté, je te renvoie, tu es viré jusqu'à l'automne. Je me débrouillerai sans toi comme avant, aux jours anciens, en ces jours bénis où les hommes étaient mes seuls miroirs.

Ma jeunesse m'a lâchée. Je ne suis plus qu'une ombre épaissie, un décalque barbouillé de moi-même. Une créature hybride qu'on croise sans la remarquer. Les hommes m'ont effacée les premiers. Dans leurs yeux, mon image s'est noyée. Le phénomène est patent. Les preuves s'accumulent.

D'abord, on m'appelle Madame partout. Au marché c'est la Dame, ou pire, la Petite Dame. Dans les restaurants on me tient la porte, dans les trains on m'aide à monter mon bagage, une fois sur deux on propose de me céder sa place.

Et puis on ne me siffle plus dans la rue. Ni de loin, ni de dos. On ne m'y accoste que pour un renseignement. Et quand on me parle, on me fixe sans ciller. Envolés les regards au fusain baladeur, les coups d'œil au pinceau. Evanouis ces croquis qu'indéfiniment mes peintres amoureux reprenaient sur le vif.

Il y a plus grave. Plus significatif. Les femmes elles-mêmes ne me considèrent plus. Elles qui autrefois m'auraient détaillée des pieds à la tête, elles qui jadis m'accordaient l'honneur de la rivalité, celles-là étrangement se sont mises à m'aimer. On me veut du bien, on me demande conseil, mon avis intéresse. L'expérience, c'est connu, n'a pas de visage.

Dans les drogueries, il y a cinq ans encore, les vendeuses ménageaient ma susceptibilité. Joignaient à mon achat des échantillons innocents, mini-flacons de parfum, micro-tubes de sérum hydratant. Aujourd'hui, outre leur fraternelle commisération, j'ai droit à des litres de soin raffermissant et des kilos de crème pour peaux matures.

Les esthéticiennes, elles, me font carrément la leçon. Madame se lave la frimousse au savon de Marseille sans doute ? Le masque régénérant, les bains émollients, les capsules de liposomes, elle méprise, et oserais-je le dire, ça se voit. Je ressors de leurs griffes laquées, penaude, exténuée, la bourse plate et le cabas grouillant d'anti-radicaux libres.

Dans les pharmacies, c'est plus professionnel. On m'y détaille en blouse blanche. On me prescrit d'autorité du rétinol, de la vitamine E, des antioxydants en gélules. Lorsque je commande mes isoflavones au soja non génétiquement modifié, on s'exécute sans entrain. On s'étonne ouvertement. Comment, vous ne substituez pas ?

On me vante alors les effets stupéfiants des gels ou des patchs œstro-progestatifs. Mieux qu'un lifting, Madame.

Les effets secondaires, la rétention d'eau, la prise de poids ? On soulève une épaule désolée. Et le risque accrû de cancer du sein ? De grâce, Madame, évitons les comparaisons intempestives ! Les statistiques alarmistes auxquelles vous vous référez sont américaines. Elles sont basées sur des données et des dosages différents. Croyez-moi, Madame, en traquant systématiquement les méfaits de la disette hormonale, les laboratoires font quotidiennement des découvertes révolutionnaires.

Sachant cela, mes nuits, je l'avoue, se sont allégées d'un grand poids. Je me réveille toujours aussi souvent, la nuque gelée et les jambes brûlantes. Mais je traverse mes insomnies la fleur au fusil, ragaillardie de savoir que la science se bat à mes côtés.

Miroir, mon vieux miroir, prends garde à toi ! Ton heure viendra. Je t'enfermerai dans l'armoire aux accessoires. Pour l'éternité. Voilé de noir, tu n'auras pas beau tain. Moi non plus.

En attendant, je peux continuer de mûrir tranquille. De toute façon, après « peau mature », il n'y plus rien dans l'assortiment. La pharmacienne a confirmé.

DÉJÀ DÉJEUNÉ

Le 6 mai dernier, Lionel Jospin quittait Matignon après cinq ans de bons et loyaux services. Un départ romain, empreint de dignité. Battu surprise de la présidentielle, il avait promis de se retirer de la scène politique. Il l'a dit et il l'a fait, car Lionel est un honnête homme. Et un homme honnête de surcroît, avant de s'en aller, il a rendu l'argent de la cassette. On chuchote que l'un ou l'autre de ses prédécesseurs n'a pas eu ce scrupule. On se gausse, on s'irrite de cette probité affichée. Qui aime les donneurs de leçons ?
— M. Jospin est un vrai protestant, aurait relevé ma grand-mère si elle vivait encore. Il me rappelle le pasteur Rossignol de Mazamet. Et les frères Laporte du Vigan. Cette parenté française que ton grand-père rencontrait aux assemblées du Désert. Des gens remarquables, un tantinet barbants, je te l'accorde, à mille lieues de ces faux débonnaires qui vous fourguent leurs bobards par médias interposés.
— Tu as l'air d'oublier que Lionel est socialiste, grand-maman. Les socialistes, c'était pas ta couleur.
— Rien à voir avec ceux de mon époque, ma fille. Non, non. Monsieur Jospin, moi je dis d'accord. De la classe, de la retenue.
— Mais tu l'adores, ma parole.
Là, ma puritaine aïeule se serait reprise. « On n'adore que le Bon Dieu », aurait-elle grondé en frappant de sa fourchette sur la nappe. Et nous tous, ses petits-enfants, de pouffer dans nos serviettes. Nous l'avions irrévocablement cataloguée ringue de chez ringue. Normal. Mais que nos parents l'admettent telle que son éducation l'avait forgée,

peu affectueuse, injuste, rigoriste, souvent méchante, qu'ils la défendent et lui obéissent, voilà qui nous paraissait extraordinaire.

C'est que ma grand-mère était un sacré bonhomme. Elle ne pleurait qu'aux foins ou aux oignons. Elle évitait dans la mesure du possible de dévoiler ses sentiments. De se répandre en confidences, de se plaindre. Question de politesse, précisait-elle.

L'été, régente de la propriété familiale, elle menait sa tribu à la baguette. Les brus étaient aux ordres, les fils bastaient, les gamins tremblaient. Et les longues vacances s'écoulaient sans révolte ni controverse. La discipline, en somme, avait du bon. Qui facilite la coexistence d'un groupe lorsqu'il atteint sa masse critique. Au pic du séjour, en effet, nous étions seize à table, sans compter les visites. Notre Douairière y trônait en majesté, l'œil et le sourcil charbon, à l'affût d'une inconvenance. Nous, les enfants, nous détestions ces sessions interminables où les adultes ne s'avisaient de notre présence que pour nous réprimander.

Le goûter était le plus inhumain de ces supplices. De la plage, on entendait la cloche sonner. Sortis de l'eau, séchés et rhabillés à la hâte, on nous forçait vers la maison. Le thé n'attendait que nous pour être servi. Nous y dévorions en silence notre pain et notre barre de chocolat ménage. La baignade, nous le savions, était terminée. A cause d'elle, la Vieille. De brèves bouffées de haine m'envahissaient, me culpabilisant jusqu'au malaise. Car ma grand-mère, moi, je l'aimais. J'étais un peu son chouchou, privilège rare que je partageais avec l'aîné de mes cousins. Nous en profitions. Il nous arrivait de lui résister, de la surprendre du côté du cœur (son talon d'Achille) et qu'elle craque. « Décampez avant que je vous attrape ! » concluait-elle le combat en agitant sa main royale.

On raconte que jeune femme et jeune mère, elle se contrôlait moins. Elle s'émouvait pour des bêtises, souffrait d'étranges crises de sensiblerie. Riait parfois à s'étrangler.

Pas belle, mais séductrice en diable, elle captivait ses hôtes par sa prestance et son langage imagé. Son humour à froid déridait les plus coincés. Cependant très susceptible, elle-même piquait la mouche facilement, et de ces faiblesses passagères, elle composait des drames impérissables.

Un classique du genre l'amenait à plaquer sa famille en plein repas. A claquer la porte derrière elle en claironnant que puisqu'il en était ainsi, elle descendait se jeter au lac (quand il pleuvait, elle emportait son parapluie, aux canicules, elle mettait son chapeau). On la laissait se noyer de confiance. Son orgueil, l'assurance d'œuvrer pour le bien général, l'évidente légitimité de sa croisade la ramèneraient au bercail, plus solide et pugnace que jamais.

Avec l'âge, le désir de transmettre les justes valeurs l'avait progressivement abandonnée. Pour elle-même en revanche, elle n'eut aucune pitié. « La vieillesse n'est pas une excuse, répétait-elle en boucle. Ni le moment d'enfreindre les règles qui ont dirigé ma vie entière. De la mesure en toutes choses. Peu de passion et pas trop de plaisirs, la recette est simple. »

Vers la fin, elle avait perdu le sommeil et un bon tiers de sa mémoire. Elle se levait plusieurs fois par nuit. Certaine d'être au matin, elle confectionnait trois ou quatre petits déjeuners de suite, qu'elle savourait avec délices. Ce n'est qu'en relavant tasse et couverts qu'elle réalisait sa méprise. Affolée, honteuse, elle confessa ce double péché de gaspillage et de goinfrerie à ses proches. Qui l'engagèrent à s'accorder cette innocente gâterie sans remords.

En vain. Dans la base d'une boîte à chaussures, ma grand-mère découpa une pancarte. Au feutre épais, elle y traça les majuscules d'un avertissement solennel : **DÉJÀ DÉJEUNÉ**. Posé sur son assiette après la première collation nocturne, ce rappel à l'ordre cartonné l'aura préservée quelques mois encore des ultimes tentations.

– Je parie que Monsieur Jospin me comprendrait.
– Mieux que ça, grand-maman. Sur sa pancarte à lui, il est écrit : **DÉJÀ GOUVERNÉ**.

LETTRE A MON FILS

Il y a trente ans aujourd'hui que tu es né. Tu aurais dû être le premier d'une grande tribu. Tu restes mon unique.

Tu as été conçu en un temps béni où les enfants n'étaient plus des accidents. Ton père t'a attendu, son cœur battant au rythme du nôtre. Plus que moi il a suivi ton développement en imagination. Son amour curieux m'a auscultée à chaque instant de ta croissance. Pendant neuf mois il s'est mis entre parenthèses. Il t'a reçu comme un cadeau que je lui aurais fabriqué toute seule.

Ton père est né père avec toi. Tu as débarqué sous ses yeux et le récit épique qu'il m'a fait du spectacle a magnifié la partie de notre histoire que je n'ai pas vécue. Tu étais si volumineux qu'on m'avait endormie au baisser du rideau. C'était à Téhéran, le vingt-neuvième jour du quatrième mois de l'an 1350 de l'Hégire, à 18 heures précises.

Ton père m'a tenu la main du début à la fin. Le docteur Kazemi avait hésité avant de lui donner son autorisation. Le téméraire Helvète réalisait-il ce qu'une naissance pouvait contenir de violence et de sang ? « Les Iraniens n'y assistent jamais, avait-il déclaré. Le feraient-ils qu'ils s'évanouiraient à coup sûr et nous encombreraient dangereusement. Sous leurs airs bravaches, ce sont des douillets qui préfèrent vivre l'événement par procuration. »

Je les revois, ces pétochards à moustache, fumant cigarettes sur cigarettes dans le parking, leur casse-croûte étalé sur le capot des voitures. A l'intérieur de l'hôpital, les couloirs étaient exclusivement féminins, les tchadors de tous âges s'y croisaient, s'y apostrophaient en pépiant leur impatience. Le bébé à peine sorti, une gamine du gynécée courait annoncer la nouvelle aux mâles de la famille, blêmes d'appréhension. Fille ou garçon ? Une fille les ramenait penauds à la maison. Un garçon en revanche les verrait se pavaner, requinqués, devant leurs compagnons d'inquiétude, les plus courageux s'aventureraient ensuite jusqu'à la chambre de l'épouse ainsi revalorisée.

Le docteur Kazemi avait étudié aux Etats-Unis. Selon ses propres termes, il y avait acquis le recul nécessaire à la critique nationale et à la compréhension de l'autre en général . Jugé apte après un bref examen, ton père fut donc admis à ses côtés. Et aux miens.

Ces mœurs de *farenguis* plongeaient les Iraniennes dans la perplexité. Mon amie Behnaz ne comprenait pas que je refuse son aide, elle qui aurait tant voulu m'accompagner dans cette épreuve. Que ma mère, mes tantes, mes sœurs, me lâchent dans un moment aussi capital la révoltait. Madame Pari, notre perspicace propriétaire, prédisait que mon accouchement traumatiserait mon mari et le détournerait de mon lit à vie.

Elle n'avait pas tort, mais pour d'autres raisons. Le cancer qui allait l'emporter quatre ans plus tard le condamnerait bientôt à la chasteté. Sa tendresse, puis sa solidarité céderaient le pas devant la mort qui rôdait. Se sentant faiblir, se voyant faillir, ton père ne pourrait plus aimer vraiment que toi. Tu étais son fils, son remplaçant d'homme, le signe tangible de son éternité. Moi, sa femme, je n'étais plus que le reproche vivant de son futur abandon. La maladie rend paranoïaque. Et injuste. Cela, j'ai mis longtemps à le comprendre, à pouvoir le pardonner.

Voilà trente ans que tu t'appelles Guillaume Siyamak. Je viens enfin de dénicher ton album. Sous sa couverture de paradis persan, les feuilles démantibulées de buvard noir, les photos, les légendes au crayon blanc, l'écriture penchée de ton père.

Regarde-nous, là, le matin du 21 juillet. Moi, si jeune, la joue encore ronde et le flanc épanoui, assise en travers du lit blanc, les genoux embarrassés de ton corps étranger. Quand on t'avait amené, emmailloté à l'ancienne, je sortais du néant. J'ai immédiatement ouvert le paquet, vérifié les pieds et les mains, tes doigts et les miens. « Le compte est bon ? a plaisanté l'infirmière. Elle t'avait surnommé le Roi des Teignes. Un sacré bougillon, et déjà un de ces caractères ! Il va vous en faire voir, ce chauve-là, si vous voulez mon avis. »

La feuille bleue, ici, c'est ta carte d'identité. Accrochée à ton berceau, elle indique le numéro de ma chambre, ta longueur et ton poids, tes tours de tête et de taille. De gauche à droite et en farsi bien entendu. Ces fiches officielles sont tes actes de naissance, le suisse avec la signature de l'Ambassadeur et l'iranien avec le lion et le sabre du Soleil des Aryens.

La coupure neuve de deux cents rials et la binette bleue du Shah ? C'est le prix d'un pari gagné par ton père. Aurais-tu été fille que le billet revenait à Talebi, le contremaître du chantier. « Inch Allah, vous aurez un garçon, khanoum, avec un mari si merveilleux ! » me répétait ce chic type, semaine après semaine. Aucun Iranien n'aurait d'ailleurs osé me souhaiter le contraire.

Les superstitions étant la loi du genre, le mauvais œil guettait. « Qu'Allah nous protège. Qu'il est laid, que cet enfant est vilain ! » s'extasiaient Behnaz et Chirine en t'abreuvant de baisers. Et d'expliquer, devant mon regard vexé : « On n'admire pas un nouveau-né, ma chère, ça porte malheur. En attendant, c'est vrai qu'il est chauve, ce malgracieux. Et cette voix de crécelle, un supplice pour l'oreille ! »

Ne manque pas la dernière page, surtout. Le portrait de vous deux que j'adore. Ton père te chantant « Ainsi font » avec les mains. Le commentaire proclame : « Leçon de musique, papa comblé ».

Regarde comme tu lui ressembles, mon fils. Comme le hasard a voulu, dans cette grande loterie de l'hérédité, que ton apparence prenne la relève de la sienne. Tes gestes, la façon de te mouvoir, ton sourire, et la photo s'anime.

Ton père avait ton âge, juste trente ans, lorsque tu es né. Hier, au téléphone, tu as reparlé d'aller voir sa tombe. Tu voulais des précisions. La ville, l'itinéraire à suivre depuis le centre, tout ça, je me rappelais, mais pas le cimetière. Pardonne-moi, mon grand, il y a si longtemps. Et puis, les cimetières ont des noms si beaux qu'on ne les retient jamais.

ALORS, CES VACANCES ?

– Du boulot. Beaucoup de visites et de cuisine. Jules à ma table, midi et soir. La fourchette sous le bras, la babine retroussée, affamé du réveil au coucher. A croire que je le rationne le reste de l'année.
– Et vous étiez où ?
Dans le Jura, comme d'habitude. Dans cette vallée de La Sagne méconnue et mésestimée par la Neuchâtel d'En-Bas. Un trou perdu qui n'a rien à offrir à part ses pistes de fond. Et encore, là-haut c'est le froid de canard assuré, mais quand Noël raboule, pas une brique de neige à se mettre sous la latte.
Que de moqueries, que de mensonges sur ce pays de loups, son été qui par chance tombe parfois sur un dimanche, ses brouillards endémiques. Et les peintres de la région qui en rajoutent une couche, tableaux techniques si austères qu'on les jurerait gravés à la règle par des aquafortistes dépressifs ou des lithographes suicidaires.
Et que de préjugés sur les Sagnards eux-mêmes ! Des royalistes attardés, des quérulents peu accueillants et peu causants. Des curieux pathologiques postés en permanence derrière fenêtres et établis à épier les va-et-vient de leur village rue, cet interminable lombric de bâtisses aux vitres bombées vers l'extérieur à force d'être ainsi poussées du nez.
Pour moi qui la pratique et l'aime depuis l'enfance, la Vallée est un film en quatre saisons dont je ne me lasse jamais. L'hiver, c'est un muet en noir et blanc. Un polar nordique incompréhensible, sans acteurs ni personnages identifiables. Image bloquée sur des terres vernissées de

glace, sillonnées de silhouettes emmitouflées. Le public est dans l'expectative.

Le printemps se faisant désirer, on s'embête ferme, certains vont jusqu'à siffler ce trop long métrage. De héros ou d'histoire, toujours pas trace. Alors que dans Le Bas, on nous joue le grand jeu. Neuchâtel croule sous les lilas, ses quais débordent de tulipes et de promeneurs ébaubis. A La Sagne, la caméra hésite entre ciels de gouache et boue gelée.

En mai-juin, le film change d'époque et de genre. Rattrapé par le parlant, il devient bavard, il s'appelle Renaissance ou Résurrection, et c'est mièvreries et compagnie. Dans la salle on s'impatiente, on aimerait de l'action. Heureusement le réalisateur avait anticipé : place au western en Juracolor ! Vaches, veaux et génisses s'ébattent dans le vert trop vert des champs. On cligne des yeux dans le bleu des horizons de bise, lumières cinglantes pour travelling sans objet. On proteste, on se récrie, on veut des gens, des vrais.

Et là, miracle. Les rôles principaux s'affichent, les figurants s'activent, le film vire au documentaire, la salle aux commentaires. Le cinéaste tourne serré, caméra à l'épaule. Gros plans troubles sur les corps et les visages dénudés. Sans la vindjaque, sans la casquette à oreillettes, on reconnaît enfin son monde.

Le Fritz de La Corbatière a sacrément vieilli, et l'Ami Perret des Cœudres, vous avez vu comme il cambille ? La fille Vuille de Plamboz, oui, la cadette, elle a le masque, elle attend sûrement pour l'automne. Au Crêt, à l'épicerie, à la boulangerie, à la laiterie, au bureau de poste, on se redécouvre des voisins.

Puis c'est l'été, d'un coup d'un seul, violent, oppressant. La chaleur vous assène un crochet du droit. Etourdie, la salle s'évente sans piper mot. La pellicule s'emballe dans un panoramique lyrique et bucolique. Adoucies, les lignes droites, rabotées les collines à nuque raide ! Désormais les sapins alanguis font le dos rond, la vallée moutonne. A ses flancs, on fauche une herbe tendre, dans son lit le seigle dru balance entre les jachères. A l'ombre des feuillus, quelques chevaux s'aèrent la crinière dans des essaims de mouches.

Au village, on est ailleurs. On dirait le Sud. Les maisons explosent, on y parle haut et fort, les portes grandes ouvertes, les façades resplendissent sous leurs colliers de fleurs. Dans les jardins les chapeaux s'affairent, on récolte les petits fruits, on surveille les côtes de bette, on prie pour que les choux et les laitues pomment, on élague à regret, on ratisse à plaisir. Les passants s'arrêtent, admiratifs ou gentiment railleurs, engagent le dialogue.

Devant l'entrée, on a sorti les bancs de bois des remises, on les a repeints au soleil. On s'y assied souvent pour voir défiler les cyclistes fluorescents, le train rouge et les autos. Les vieilles à tablier sont calabraises, les vieux des parrains siciliens qui fument dans leur moustache. Derrière, les jeunes font pétarader leurs motos de trial, les filles karaokètent Céline Dion, les gamins plongent en siclant dans des piscines gonflables. On enclenche le barbecue à gaz pour rôtir des saucisses. On a oublié la télévision.

Un jour pourtant, sans crier gare, l'été bascule dans l'automne. Somptueuse, la séquence est à couper le souffle. La salle exaltée savoure sa revanche. Pendant qu'à Neuchâtel, le vendangeur transi cueille sa grappe à l'aveugle dans une brume épaisse, l'agriculteur sagnard peaufine son bronzage sur son tracteur. La casquette de traviole il est content, il respire. Sa vallée est rasée de frais, ses lisières bien lissées, elle sent bon le travail accompli.

Dans la forêt métisse de hêtres et de sapinières, à travers ronces et belladones, le champignonneur traque son bonheur. Entre gentianes et chardons argentés, les randonneurs randonnent, l'imperméable en banane sur la hanche. Le week-end, sur les crêtes, les pâturages sont marqués réservés, on y donne des torrées en nombreuse société. Installés

sur des trapetzets, le verre levé, l'œil goguenard, on salue ceux d'En-Bas fuyant leur purée de pois.
— A propos, si Jules et toi vous remontez en octobre, t'aurais pas une petite place pour nous ?
— Un coup de main pour la popote et c'est vendu !

LE BAISER DE JUDAS BEN-HUR

Bienne. J'ai treize ans et ma mère m'emmène au cinéma. C'est un cadeau d'anniversaire. On doit être en décembre, je revois le bitume brillant et cette bruine fumée qui salit les hivers biennois. On se dépêche. Ma mère a mis son manteau vert bouteille, elle a l'air de se réjouir, il pleuvine de travers, la neige n'est pas loin, on sent pointer sa menace dans le vent noir.

Par chance les cours de ski n'ont pas commencé. On m'y a inscrite d'autorité pour la deuxième année consécutive. Je redoute ces après-midi où, sous la férule d'un moniteur irascible, je perds régulièrement mes moyens. J'ai toujours les doigts gelés, deux pieds gauches dans mes souliers détrempés. Je rate tous mes stemms christiania, je m'emmêle les bâtons dans les piquets avant de tomber avec une sorte de délectation fataliste. Si je suis incapable de slalomer c'est bien parce que je n'en vois pas l'utilité. Je ne vois d'ailleurs d'utilité à rien à ce moment-là de mon existence. Je suis une gamine osseuse, tourmentée, une *Backfisch* insupportable pour les autres et pour moi-même. A l'école je m'ennuie à crever. En vacances, c'est encore pire.

Je viens d'avoir treize ans et ma mère m'invite au cinéma. C'est sûrement un de ces dimanches où je me morfonds. D'habitude on sort en famille, alors, elle et moi sans mes frères et sœurs, l'événement est mémorable. Nous sommes en retard. Nous hâtons le pas, traversons le sous-voie, longeons la Maison du peuple. Voilà la Cave Valaisanne à l'angle de la rue, et en face la modeste coopérative Migros des origines.

A la caisse du cinéma Capitole on hésite. Je ne parais pas mon âge, et c'est mon plus grand désespoir. Ma mère parlemente avec le cerbère, une grosse dondon pleine de seins. « Le film contiendrait-il des ébats torrides ? De la violence et des larmes ? Je suis une personne responsable, madame, je connais mon enfant mieux que vous ». Il y a longtemps que le Capitole de Bienne a disparu. Pourtant je n'ai pas oublié son hall imposant, ses ouvreuses et leur lumignon baladeur, la salle surchauffée, les murs vieux rose, le velours fané des sièges. Et puis ces odeurs de poussière et de fard, la myriade d'étincelles dans le faisceau du projecteur.

Pendant les diapositives de la réclame, ma mère déballe des bonbons à la menthe. Aux actualités elle se concentre. La voix solennelle du speaker du ciné-journal suisse, le cri égosillé du coq Pathé, je les entends quand je veux. Et le frottement du rideau rouge qui se referme, son soupir quand il se rouvre. Enfin, la musique du générique qui jaillit des haut-parleurs. Maman me glisse un mouchoir propre dans la main.

Transportées dans la Palestine du premier siècle de notre ère, nous entrons dans Jérusalem aux côtés du tribun Messala, commandant des troupes romaines d'occupation. Casque à panache et jupette flottant sur une cuisse avantageuse, le fier centurion rend visite à son ami d'enfance, Judas Ben-Hur. L'acteur Charlton Heston (ex-Moïse des *Dix Commandements*) a rasé sa barbe pour incarner ce fils d'une noble famille juive qui refuse de se soumettre à la loi du plus fort.

Je suis immédiatement fascinée par cet hercule aux yeux doux et à la poitrine d'acier. Je pressens qu'il va se battre jusqu'à la mort pour que son peuple retrouve sa terre et la liberté. Une tête brûlée, un fondamentaliste kamikaze ? Non, le défenseur courageux d'une cause légitime. Un David contre les Goliath du monde entier. Ce jour-là, Ben-Hur deviendra mon idole et Charlton Heston mon idéal pour la vie.

A peine l'ai-je adopté que mon héros est accusé (à tort) d'avoir tué le nouveau procurateur de la ville. Appréhendé par Messala, il risque les galères. Sa mère et sa sœur sont jetées en prison. Son esclave dévouée, Esther, fille de son intendant, le vénère depuis sa plus tendre enfance. Elle jure de l'attendre, des siècles et des siècles s'il le faut. Qu'il ne se tracasse pas, elle et son père veilleront sur la propriété en son absence. Car il reviendra, elle en est certaine. Ben-Hur l'embrasse fougueusement avant de lui être enlevé par les sinistres sbires de Messala. Je serre à le broyer le bras de ma mère. Etonnée, elle me scrute longuement dans le noir. Les yeux me brûlent, ma respiration s'accélère. Ce baiser a-t-il existé ou l'ai-je imaginé ? Qu'importe puisqu'il fleure à jamais le jasmin, l'encens et la myrrhe.

Et puis, c'est le désert. Enchaîné à ses camarades d'infortune, Judas Ben-Hur avance en ployant sous le fouet. Paysages bibliques, la chaleur, la terre aride, les rochers veinés d'acier, et partout ces cailloux tranchants comme des lames, arme des opprimés, outil des lapidateurs. Ben-Hur, torturé par la soif, va s'écrouler quand un jeune inconnu, charpentier à Nazareth, lui donne à boire. J'exulte, je suffoque, le cœur me manque, les images pieuses de mon école du dimanche s'animent. La fraîcheur de l'eau sur ma peau, la douceur des paumes du Miséricordieux sur mon front, je m'identifie à ce malheureux supplicié qu'on désaltère.

A l'entracte, dédaignant l'esquimau que ma mère me tend, je me réfugie aux toilettes. Dans la valse chaotique de mes sentiments, je sanglote sans pouvoir m'arrêter. L'injustice faite à mon héros, je me la suis appropriée, elle m'atteint personnellement. Je n'ai que treize ans mais ma révolte est adulte. L'injustice est un moteur puissant, une force universelle capable de soulever des montagnes. Et des milliers d'adolescents.

De la suite de l'histoire, de la fabuleuse course de chars, je ne retiendrai que la victoire de mon héros, Ben-Hur s'est vengé. Seul, à la loyale. En un temps où, en peplum et en panavision, la guerre était jolie. Aujourd'hui, le sable de Jérusalem est maculé de sang. Et Charlton Heston préside le lobby armurier le plus influent des Etats Unis.

QUITTER SON JARDIN

Je vous remercie de me recevoir, Monsieur le Curé. Je voulais avoir votre avis avant de me décider. Les enfants viennent dimanche prochain. Les deux seuls, sans leurs conjoints, ce qui est exceptionnel. Personnellement je suis au courant du but de leur visite mais je n'ai pas vendu la mèche. De toute façon, ma femme Martha et moi, on ne se parle presque plus. Mais là, elle doit se douter de quelque chose. Elle a téléphoné à notre belle-fille, elle l'a cuisinée pour essayer d'en savoir plus.

Elle est consciente que ça nous guette et que c'est inévitable. Avec ses cannes, elle est devenue complètement dépendante. Ça fait des mois et des mois que je m'occupe des courses. Trop longtemps. Quand ils apprennent mon âge dans les magasins, les gens ne me croient pas. Nonante ans en février. Depuis cet été pourtant je péclote, je me sens faiblir.

Mon fils a pris contact avec plusieurs EMS, il nous apportera les prospectus. On les épluchera, puis on choisira de s'inscrire ou non. Il m'a assuré qu'il n'y avait rien d'urgent. Il a ajouté que les listes d'attente étaient surchargées. Pas besoin de dessin, j'ai compris le message. Après Noël, on déménage. Mon jardin refleurira sans moi.

Quitter la maison que j'ai construite de mes mains, en travaillant dur, en économisant chaque sou, ça va être une épreuve. Elle sera surmontable vu que les enfants ne s'y intéressent pas. Mais lâcher mon jardin l'année où les rosiers de l'entrée avaient enfin repiqué ? Vous les aviez vus, n'est-ce pas ? Et la haie d'hortensias, et mes bégonias rouges ? Les badauds se pressaient au portillon pour les admirer. Non, revivre un printemps sans voir s'ouvrir mes pivoines, cette idée m'est intolérable. Mon jardin, c'est mon refuge, vous comprenez. L'unique endroit où on me fiche la paix.

Quand mon fils m'a raconté que dans certains établissements à la campagne les pensionnaires avaient la possibilité de gratouiller quelques plates-bandes, j'ai doucement rigolé. Ça serait comme peigner une perruque pour un coiffeur à la retraite ! Non, il faut que je me résigne. Laisser, déserter, se défaire, céder, perdre à jamais, voilà les verbes qui me restent à conjuguer.

D'abord il y a eu la voiture. Si vous saviez combien j'appréhendais le moment où je devrais y renoncer ! Je ne roulais plus beaucoup, le supermarché et retour, n'empêche, ma voiture c'était aussi un espace de liberté. J'ai posé les plaques de peur qu'on ne m'y oblige. Martha n'a pas apprécié. « Tu verras que les enfants vont en profiter pour nous chasser, direction le home ».

Mon médecin, lui, m'a félicité. Ce sacrifice-là, il n'aurait pas osé me le demander. C'est un homme de cœur, il a des antennes. Trente-deux ans que je le pratique, alors, vous imaginez. On a vieilli ensemble, lui moins que moi, évidemment. Attention, on n'est pas des intimes pour autant. Mes problèmes de couple, par exemple, je les garde pour moi. Domaine privé, chasse gardée, c'est ainsi qu'on a été éduqués, pas vrai ?

Ce qui est sûr et certain c'est que, sans moi, ma femme y serait déjà, dans un EMS. Ses nerfs, son zona plus la fracture du fémur, elle est quasi impotente. Je suis devenu son factotum. Valet de pied, chauffeur, commissionnaire. Mes enfants sont persuadés que je vais me tuer à la tâche. Il faut dire que Martha est invivable. Elle l'a toujours été. C'est son caractère. Les enfants prétendent qu'elle est malade. Et que si on l'avait soignée plus tôt, son existence et les nôtres en auraient été transformées.

Ça, Monsieur le Curé, je ne peux l'accepter. Si elle avait

été gravement atteinte, ses différents docteurs m'auraient alerté, non ? Finalement, pendant toutes ces années elle a correctement mené son ménage, elle élevé ses gosses de son mieux, et jusqu'au bout. C'est vrai qu'elle éclate à la moindre contrariété, c'est vrai que des crises, il y en a eu dès le début de notre mariage. Les pires arrivaient la nuit. Aujourd'hui c'est n'importe quand. Et après elle s'enferme des heures entières au salon ou dans sa chambre. Elle récupère, elle se « rassemble », dit mon fils.

J'ai pitié de ma femme, de ses désordres. Je n'ai plus que ça, de la pitié. Plus une once de tendresse. Lorsqu'elle m'agresse, qu'elle m'insulte en dénigrant ma famille ou notre vécu commun, je la hais si violemment que j'en ai des étourdissements. Je ne supporte plus ces chocs-là, ni ces chantages affectifs qu'elle exerce en permanence.

Je m'inquiète sérieusement, Monsieur le Curé. Lundi, à la poste, j'ai glissé et je suis tombé. A genoux devant le guichet, j'avais bonne mine, tiens ! Je me surprends parfois à m'apitoyer sur mon sort. Les actualités télévisées m'arrachent des larmes. Le foot ne m'excite plus. Le journal, je le lis à peine. La politique locale m'ennuie. Moi, Fribourgeois pur beurre, employé municipal de mes vingt ans à ma retraite, c'est un signe ça, non ?

Les enfants suggèrent qu'on se sépare, Martha et moi. Chacun dans notre EMS. J'hésite encore. A vous je peux le confier : j'ai souvent pensé au divorce, par le passé. Je me suis vite repris, je suis un homme de principes, et puis il y avait les enfants.

Pour ma part, je préfèrerais un asile en pleine ville. J'aimerais finir mon histoire là où elle a commencé. Entre la Basse et la Haute, pour l'éternité.

La maison, on la louera. A des gens qui s'en contenteront, car elle est bien modeste. Qui s'engageront à bichonner le jardin et me permettront d'y remonter de temps en temps. Je ne leur donnerai pas de conseil, je ne m'appelle pas Monsieur Jardinier. Je ne les dérangerai pas non plus, je ne sonnerai même pas à leur porte. Accoudé à la balustrade, je compterai les roses et les hortensias. Simple promeneur. Mon jardin sera ma dernière promenade.

COMPLAINTE DE LA BOITE A BÉBÉ

On m'a placé chez eux la troisième semaine de l'Avent. Ils m'ont prénommé Noël, à défaut d'instructions plus précises. Pour mes parents d'accueil je suis un cadeau, le plus beau de ceux qui sont sous leur sapin.

Je suis né clandestin. On m'a déposé une nuit d'été dans un de ces berceaux de plexiglas qui défraient la chronique en Allemagne, en Autriche et en Suisse. Je suis un bébé anonyme, un hors-la-loi. Je n'ai pas d'origine, je n'aurai pas d'histoire. Je suis né de mère inconnue. Jamais cependant, jamais je n'oublierai son regard. Ses yeux comme lacs asséchés, déserts de sel. J'ai compris très vite qu'elle ne m'aimerait pas. J'étais une erreur de parcours, un accident. Peut-on aimer un accident ? Tolérer qu'une erreur devenue chair vous condamne au remords perpétuel ? Juridiquement ma mère est coupable et punissable. Elle m'a abandonné, dépouillé de mes droits, de mon humanité. Elle m'a privé de tout, même de haine. Comment lui pardonner un jour, puisqu'elle n'existe pas. C'est en nous interdisant le pardon qu'on nous rend inhumain.

De l'accouchement je n'ai retenu que la brutalité. La chose m'a parue interminable. Je voulais ma mère, elle ne me voulait pas. Elle tremblait de peur. Je suis issu de cette terreur. J'ai résisté avec rage, nous avons combattu, nos jeunes forces bandées, pendant des heures. J'ai fini par l'emporter et je l'ai perdue.

Nous étions dans une pièce sombre aux parois rongées de graffiti. Odeurs âcres et suaves, les fumées du hasch, les vapeurs de l'alcool. Je revois un tas de coussins défoncés, des bouteilles renversées, des cendriers pleins. Et un vélo haut sur pattes, insecte accoté au manteau de cheminée. Notre lutte à peine achevée, ma mère s'est étendue sur le sol, les cheveux fous, les bras en croix. Encore attaché à elle, je fixais son ventre mort sans réaliser qu'il était mon unique signature. Je geignais doucement entre ses jambes. Ivre de leur blancheur de temple, je pensais que vivre c'était voler ainsi vers le soleil, indéfiniment.

Mais le corps de ma mère soudain s'est contracté. Elle m'a sevré de sa lumière. Elle s'est assise, m'a soulevé très haut, en fermant ses cuisses. Elle a enroulé notre cordon dans sa paume, puis m'a rabattu sur son giron. Alors elle m'a sectionné les ailes d'un coup de dents. Nous sommes devenus deux, deux pour mieux nous effacer. C'est ensuite qu'il y a eu ce regard sec. J'ai deviné que mon chemin ne suivrait pas le sien. Elle m'a couché sur le dos, elle s'est levée et s'en est allée.

J'ai sangloté longtemps, transi sur le parquet rugueux. C'était un soir d'orage aux senteurs d'ozone et de goudron. Je me rappelle ma faim, qui portait en elle toutes les douleurs à venir. Le sein de ma mère, je donnerais ma vie pour l'avoir tété ne serait-ce qu'une seconde. Se souvenir de l'amour, c'est déjà de l'amour.

Je dormais quand ma mère est revenue. Elle n'était plus seule, un homme l'accompagnait. Ils se sont penchés sur moi, se sont agenouillés à mes côtés, se faisant face. Je percevais leur chaleur, je ne les voyais pas, je ne distinguais que leurs ombres fragiles mais je les entendais parler, leurs voix paisibles battaient comme un cœur, au rythme de mes marées disparues. Un court instant, j'y ai cru. Et eux aussi. Ils allaient m'emmener ailleurs. Dans un palais de nacre aux murs tapissés d'or fin. Là-bas, il y aurait une salle d'eau somptueuse. Dans une vasque de marbre on me coulerait un bain ondoyant, on me frotterait, on me détacherait du sang noir de ma mère. Ainsi lavé de mon passé, le couple accepterait de me remettre au monde. Et le monde de me saluer par mon nom.

Le rêve n'a pas duré. L'homme et la femme se sont mis à se disputer en agitant leurs grands bras, coqs dressés l'un contre l'autre. Leur affrontement m'excluait définitivement. C'est l'homme qui s'est chargé du transport. Il m'a emmailloté dans une couverture, fourré dans un panier sur le siège arrière d'une voiture. Le voyage a été bousculé, l'homme accélérait, freinait, téléphonait sur son portable, argumentait, criait, redémarrait. Moi je restais silencieux. Assoiffé, affamé, j'étais anéanti. L'orage avait cessé, ma première nuit était muette. Une nuit sans lune, sans signe d'aucune sorte.

Juste avant que l'aube ne nous trahisse, l'homme a garé la voiture devant un bâtiment gris. Je me suis mis à hurler lorsqu'il m'a tiré de mon panier. Serré sur sa poitrine, entre sa chemise et son blouson, je me suis calmé. A cause de ce cœur qui tapait sourdement contre le mien.

J'étais dans la boîte lorsque le ciel s'est embrasé. Les vitres de ma prison étaient tièdes et soyeuses. Une alarme a sonné dans les profondeurs de l'immeuble. On est venu me délivrer. On a fouillé ma cage du haut en bas à la recherche d'une lettre, d'un indice. Rien.

Des mois durant j'ai été un sans-papiers dans le pays qui m'a vu naître. Mais moi j'ai eu de la chance. On m'a soigné, on m'a bichonné. On m'a placé chez eux la troisième semaine de l'Avent. Mes parents d'accueil espèrent pouvoir m'adopter bientôt. Ils m'ont prénommé Noël, à défaut d'instructions plus précises.

Je n'aurai d'autre histoire que celle que je m'inventerai.

SANS ENFANTS

Lausanne, début janvier, aube morte de fin du monde. Je suis vannée, impossible de bouger, je pèse des tonnes. Rentrée hier du Jura neuchâtelois. Noël familial terminé en beauté, festin réussi, mission accomplie, nous étions douze à table. Ambiance fixée sur soleil, clarté des bougies. Au menu : brut pétillant et foie gras (merci l'oie gavée à la demande et au bourgeon bio), gratin à la lyonnaise, rôti de bœuf lardé (à rebours, merci l'apprenti boucher), dessert de sorbets et biscuits maison (recettes de Cossonay, bravo maman). Un repas savoureux à faire pâlir de jalousie Betty Bossy en personne. Un Noël quasi vert de surcroît, nul besoin dès lors de s'échiner à remonter la vallée dans la bise, goutte au nez sur skis de fond, merci le foehn. Un Noël léger et joyeux... mais un Noël sans enfants, un de plus hélas !

Lors de l'échange des présents me sont revenus les souvenirs du temps béni où sous le sapin, outre le seau d'eau et la couverture de sauvetage, il y avait d'avantage de hochets que d'électro-ménager. Et sur la table plus de biberons que de médoc, lait préféré des vieillards.

Amis cinquantenaires, rappelez-vous vos Nativités de jeunes parents. Ayons une pensée émue pour « Les anges dans nos campagnes », massacrés à tue-tête par le chœur des cousins, pour les paroles systématiquement escamotées du dernier couplet. O douce nuit, ô musique divine. Les vagissements des nourrissons, les cris perçants des bambins bavant et gigotant dans leurs « youpalas ». Et les poésies mâchonnées de leurs aînés scolarisés. Que de représentations irremplaçables ! Le trac des plus sensibles nous arrachait des larmes, le culot des cabotins nous remplissait d'orgueil, la pièce était un émerveillement permanent.

Camarades de soixante-huit, vous les entendez, les gloussements de plaisir de nos acteurs en herbe démaillotant leurs paquets-cadeaux ? D'abord les tapis d'éveil, avec leurs clochettes en laine bouillie et leurs poches velcro révolutionnaires, ensuite (conscientisation écologique oblige) les petits trains en bois d'arbre de développement durable, les serviettes de bain à pandas, les bébés phoques en peluche. Enfin, avec l'arrivée de la pédagogie humanitaire, les monopolys tiers-mondistes, les puzzles éducatifs du partage universel, leurs vingt-quatre pièces découpées à la main par les frères de nos frères. La garde-robe de nos moutards n'était pas en reste de charité : pull-overs péruviens qui piquaient, gilets mayas mal coupés, bonnets de lamas tibétains, ces articles solidaires étaient tellement ostentatoires que mon fils refusait obstinément de les porter à l'école.

Pareillement récalcitrantes, nos fillettes, shootées aux premières barbies, ne rêvaient que de robes fluo et de diadèmes en strass. Nous les mères, nous méprisions ces poupées gourdasses qu'une marraine traîtresse ou une tante félonne finissait toujours par leur offrir.

Aujourd'hui cependant, croyez-moi ou non, je ne serais pas loin de les regretter, ces blondasses de plastique. Et leurs adoratrices d'alors, mes deux bouts de chou de nièces ! Où sont leurs corps potelés, leurs joues de velours qu'il faisait bon croquer ? Femmes jusqu'au bout des ongles, elles ont maintenant intégré la tribu des gynécées. Devenues mes semblables, la fraîcheur en sus, et mes égales, l'expérience en moins. A l'aise dans leur job, elles paraissent moyennement pressées de contribuer au taux de natalité helvétique. Tant pis, Noël et la tantine attendront. Quant à mon fils, c'est un homme fait (et pas mal fait au demeurant). Célibataire de chez célibat, il recherche pourtant l'âme sœur qui accepterait de renoncer à une carrière et à un revenu complet pour fabriquer les bébés qu'il espère depuis longtemps. Là aussi, nous patienterons avec lui.

Sept heures. Le réveil vient de sonner. Je l'ai tué dans le noir, d'un coup de poing net et précis. Virtuosité intacte, exercice mille fois répété. Je somnole, le cerveau fourré d'ouate. Dehors, il doit neiger, il neige, store baissé je le sens, j'en suis sûre. A preuve, ces bruits étouffés de la route qui blanchit. Les yeux fermés, j'imagine les champs sous mes fenêtres arrière, le blé d'hiver surgelé, ses tiges maigrelettes dressées en aiguilles translucides. La forêt nue, ses troncs cirés, les conifères empesés de givre. Et puis devant chez moi, le giratoire, la guérite en verre de l'arrêt « Désert » des Transports Publics. Désert très relatif : je vis dans un quartier qui se « bernarnicode » sérieusement, les appartements à vendre sont luxueux, les locations hors de prix. Mais quand le bâtiment va, la reprise est garantie, n'est-ce pas ?

Huit heures moins vingt. Je tangue vers la cuisine. Vite, une tasse de thé. C'était bien ça, il neige pour de bon. Les autos ont des feutres aux roues et une voix de rogomme. Les nouveaux bus avancent dans la gouache comme des vaisseaux dans l'écume. Ballet de capuchons, ronde de pantins en parapluie. On identifie aisément ceux qui reprennent le travail, leur bonus férié expiré. Marche saccadée, dos courbé, le refus de fonctionner est transparent. Les autres sont encore en vacances. Leurs gosses à la remorque, ils s'en vont tôt en ville faire leurs soldes, dépenser les primes, les gratifications, le treizième salaire. Les gamins ont grandi, et les articles de marque, ça coûte bonbon. Or sans les baskets X et le blouson Y, l'enfant est stigmatisé, souffre-douleur désigné de sa classe, alors…

Alors ma vieille, au boulot ! Dans mes dossiers cette ébauche de chronique de Noël. Dépassée, comment dépassée ? Ah oui, j'allais oublier. Bonne et heureuse année à vous tous !

THALASSO BOBO

Elle en avait fait une, une fois. Elle avait résisté trois jours et mis un mois à s'en relever. Elle avait juré qu'on ne l'y reprendrait plus. D'ailleurs dorénavant, leur a-t-elle dit, elle ne bougerait pas de chez elle en hiver. Et puis ces thalassos, c'est toujours au diable, ça coûte le lard du chat, ça vous bousille le moral et le peu de santé qui vous reste. Ses arguments n'ont pas tenu la route longtemps. La pression du groupe est irrésistible quand il est amical. Or plus elle vieillit, plus les amis sont indispensables à son équilibre. Elle a donc cédé, avertissant son monde qu'elle ne succomberait à aucun tripotage, aussi thérapeutique fût-il, qu'elle se promènerait, ferait trempette, organiserait les tournois de scrabble, c'est tout.

L'hôtel l'admit dans la sous-catégorie d'accompagnante, titre qui lui promettait une facture plus salée que celle de Jules, élevé lui à la dignité de Curiste. Novice dans la branche, enthousiaste, le pauvre chou ignorait dans quel bouillon d'algues il allait mijoter.

La veille du départ, ce fut le psychodrame. Les voyages forment la jeunesse, pas les couples. Rares sont ceux qui résistent à la corvée des bagages. Paquetage commun ou chacun son barda ? A l'énumération des choses à ne pas oublier, l'escarmouche prit de l'ampleur, enclenchant la mécanique bien connue. Jules provoque et Juliette démarre au quart de tour. « *Vintage*, ton vieux slip de bain noir, tu plaisantes ? Va t'en acheter un neuf, par pitié. Et pour le Réveillon, tu t'habilles comment ? » « Mon costume gris ? N'y compte pas, avait grommelé Jules du fond de son tiroir, s'efforçant rageusement d'apparier ses chaussettes, là-bas,

Saint-Sylvestre ou pas, que tu le veuilles ou non, Le Curiste dînera d'un simple yaourt, en peignoir et mules réglementaires. »

Finalement élue et bourrée jusqu'à la gueule, la valise bleue avait rendu l'âme à la quatrième tentative de fermeture. Ils s'étaient alors précipités en ville, avaient quadrillé les magasins d'après Noël à la recherche de sa remplaçante. En parallèle, l'enfilage de quelques maillots de bain sous la lumière blafarde des cabines d'essayage les avait achevés.

Joyeuses retrouvailles du groupe à Genève. Dans le train pour Lyon, deux minutes avant Bellegarde, surprise, l'annonce par haut-parleur d'une opération de police imminente. Prière aux voyageurs de ne pas quitter leur siège et d'excuser le dérangement. Dès l'arrêt en gare, déambulation, torses bombés, d'une escouade de pandores. Interpellation, capture et mise aux menottes en direct d'une bande de malfrats plus vrais que nature, sous les regards des passagers. Chic, la France est de retour.

A La Part-Dieu, bus navette pour l'aéroport. Enregistrement, embarquement. Vol sans incident. A Biarritz, à dix-huit heures, le thermomètre indique encore dix-huit degrés. Le fameux microclimat ! Notre hôtel est un banal complexe de béton rose posé sur son tapis de gazon. On entend le grondement de l'Atlantique, le vent charrie des odeurs de pinède dans les lueurs dorées du crépuscule.

Le hall d'entrée sent le chlore et le linge mouillé. Laisse ici toute espérance, toi qui pénètres en pays thalasso, me souffle Dante du haut de son paradis. Trop tard, j'y suis déjà. Une paire de zombies, peignoir informe et cheveu collé, palabre à la réception. Affalés sur les fauteuils du salon, leurs clones récupèrent de leur « forfait quatre soins » quotidien.

Au desk, l'accueil est chaleureux, l'accent hésite entre Cantona et Cyrano. On nous distribue nos clés magnétiques, puis des fiches d'identification plastifiées (nos passeports pour l'au-delà) en nous enjoignant de les avoir sur soi en permanence. Elles résument ce que nous sommes devenus dès le seuil de l'établissement franchi. Des assistés, des pris en charge, des enfants obéissants.

Finis les soucis professionnels des uns, abolies les contingences ménagères, pédagogiques ou commerciales des autres. Ici l'homme n'est qu'un mouton baigneur. Il suit le mouvement, se conforme aux horaires, se livre pieds et poings liés aux massages et enveloppements, plie l'échine sous la douche à jet, se vautre dans les boues auto-chauffantes. Quand il ne s'adonne pas au stretching sous-marin, il pédale et rame frénétiquement dans la salle de Remise en Forme. L'uniforme est de rigueur, il est blanc comme un suaire. Dessous, le corps nu révèle crûment ses excès. Dans la tête, l'esprit est en veilleuse. Son libre arbitre au vestiaire, la prédestination acceptée, ici l'Homme Moderne abdique enfin.

Réunion plénière du groupe au repas du soir. Le buffet est bon. Il serait meilleur s'il n'était agrémenté d'un chœur d'hommes en béret basque qui vous psalmodie sous le nez. Des bébés violets hurlent leur révolte sur le ventre de leur Jeune Papa pendant que Jeune Maman, au bord des larmes, se remet péniblement d'un récent « palper-rouler de la zone bermuda ». L'ambiance est morose, du côté des curistes surtout. Jules a rendez-vous à huit heures du matin pour la visite médicale obligatoire. Dur, dur, les vacances.

A neuf heures, sa fidèle accompagnante s'étirera en bâillant dans leur lit. Elle téléphonera au *Room Service*, commandera son petit déjeuner. Bercée par le roulement de l'océan, elle le dégustera sur le balcon, le visage offert aux embruns, le cœur chaviré de soleil. Deux étages plus bas, exténués et moulus, les curistes boiront leur première tisane détoxifiante sous les néons.

TEMPS MORT

Une année aujourd'hui que son mari est à la retraite. Elle ne le reconnaît pas, il est complètement changé. Il se lève de plus en plus tard. Il traînasse à la salle de bain. Elle le surprend souvent à rêver debout devant le miroir, le gilette en l'air. Il a renoncé au rasoir électrique, la lame c'est plus agréable, maintenant qu'il a le temps.
Maintenant que j'ai le temps. Il n'a que cette phrase à la bouche. Elle, elle a surtout l'impression qu'il s'échine à le tuer, ce temps. Lui prétend que chaque minute de sa nouvelle vie dure le double des minutes d'avant et que ce doublement l'angoisse.
Sa voisine l'avait pourtant avertie, et sa voisine c'est pas n'importe qui. Une grande dame, toujours sur son trente et un, le cheveu et le regard gris bleu. Des bijoux, des gants de pécari.
– Ma chère, votre mari n'est pas un cas unique. La retraite des hommes, c'est la pire des épreuves pour nous les femmes. Et plus d'une a fini par le plaquer, son époux adoré.
Liliane n'en est pas là, heureusement. Non, ce qui l'énerve, c'est cette lenteur, ce retard constant qu'il semble entretenir à dessein dans le cours de leurs journées. A la cuisine, il mâche et remâche les tartines de son petit déjeuner, tandis qu'elle s'active déjà aux fourneaux. Elle voudrait qu'il libère la place pour peler ses légumes ou battre des œufs. Rien, pas un geste, une statue de sel ! Au bout d'un moment elle en a marre, elle le houspille, le chasse d'autant plus brusquement qu'elle est rongée de mauvaise conscience.
Il obéit et se replie dans le living. Assis sur la bergère, les

coudes sur les genoux, face à la télé éteinte, il attend le facteur.

– Moi, le matin, il me fiche une paix royale : à neuf heures pile, qu'il neige ou qu'il vente, mon mari descend boire son café à Saint-François. Les premiers mois, il enchaînait sur une visite à la Banque, pour saluer ses anciens collègues. L'après-midi en revanche, je l'ai sans cesse sur les talons, il me suit partout, plus l'ombre d'une initiative personnelle. Lui, capitaine à l'armée, sous-directeur au Service Clientèle, lui qui a eu dix personnes sous ses ordres.

– Mon seul répit à moi, c'est la cérémonie des journaux. Vous le verriez revenir de la boîte aux lettres avec sa moisson de canards ! Le sérieux avec lequel il épluche la *Feuille, Construire, Coopération, Générations*, la pub et mes catalogues VAC ou Veillon.

Avant, avec son boulot astreignant et ses horaires irréguliers de chauffeur de bus, il n'arrivait pas à se concentrer sur de l'écrit. Aux terminus on le voyait parfois plongé dans les résultats sportifs, mais il aimait mieux se dégourdir les jambes, fumer une cigarette au soleil ou discuter le coup sous la guérite avec un usager désœuvré. Un de ces retraités qui vous soûle de questions sur les avantages écologiques des voitures bimodes.

– Dis, Lilette, si je vire vieille barbe comme eux, tu m'avertiras. Promis ?

C'est précisément ce que Liliane cherche à faire. Sans succès. A peine son homme est-il monté dans un trolley qu'il se considère en terrain conquis, harponne le chauffeur. Et là, bonjour la nostalgie !

– A mes débuts, on était deux, vous savez. Les gens entraient à l'arrière, le camarade contrôleur-poinçonneur trônait sur un siège spécial, il dominait la situation, on le respectait. Les incivilités, les déprédations, ça n'existait quasiment pas. A mon volant, on me saluait, on me remerciait, le service public ça signifiait encore quelque chose.

Liliane, cette logorrhée, ça l'embarrasse. Alors, elle tire

son mari par la manche, lui rappelle qu'*à son époque*, les passagers étaient priés de ne pas adresser la parole au conducteur. Mais vu qu'il ne bronche pas, elle capitule et va s'installer au fond du véhicule, le visage pincé.

Quand il la rejoint elle le gourmande un peu. Il admet ses griefs, mais ajoute bien vite pour sa décharge qu'ils sont plusieurs à agir de la sorte, qu'ex-cheminots ou ex-employés des Transports publics, ils ont gardé ce fameux esprit de corps, cette solidarité sans faille et une tendance égale à raviver les souvenirs. Et que, nom d'une pipe en bois, c'est humain finalement !

Elle soupire que oui, mais chez toi, Fred, c'est systématique. Tu radotes. A la maison ou au dehors, tu radotes, tu n'en es même pas conscient.

– Ne désespérez pas, Liliane. Ca va s'arranger. Le mien, c'est deux années qu'il lui a fallu pour encaisser le choc.

– Je ne sais pas si je vais tenir. Ras le bol de l'accompagner en ville tous les jours. Jamais à pied ni en auto, remarquez. Non, depuis sa retraite, Monsieur ne circule qu'en bus. Il paraît que ça lui demande ! Qu'on ne conduit pas ces animaux pendant quarante ans sans que ça laisse des traces.

Une déformation professionnelle, il doit vérifier le parcours, c'est vital. Ensuite c'est la halte obligée au Café de l'Horloge. Liliane commande un thé. Fred s'offre une bière et papote avec la patronne. Il fait son joli cœur, persuadé qu'elle l'apprécie.

– C'est vrai qu'elle nous accueille en souriant. Mais sourire, c'est son métier, non ? Quand je lui sors ça, mon Fred, il pique la mouche, et puis il boude jusqu'au souper.

– Et le soir, sur l'oreiller, il vous supplie de lui pardonner, l'œil humide, il vous confesse que c'est pas facile d'être libre, sans projet, sans rôle, sans uniforme. Avec moins de moyens, et trop de temps. Le temps mort, ma chère Liliane, voilà ce qui les tue !

LABEL VERT

– T'as remis la poubelle végétale sous l'évier ? Non ? Tu l'as fourrée où ?
– Va voir à la cave. Mais dépêche-toi, ta fille débarque dans vingt minutes.

Branle-bas de combat dans l'appartement lausannois d'un couple de quinquagénaires heureux. Divorcés l'un et l'autre, reconstitués en famille depuis douze ans, Patrice et Michèle attendent leur fille et belle-fille Martina, étudiante en sciences de l'environnement à Zurich. Le papa piaffe d'impatience et n'ose croire à son bonheur : la prunelle de ses yeux, la chair de sa chair chez lui, à lui, pour un week-end entier. Michèle est ravie elle aussi. Sans enfants, elle est très attachée à la gamine qu'elle a vu grandir et se transformer au gré de ses nombreux séjours chez eux. Alors pour l'accueillir dignement, pour lui faire plaisir, Michèle chamboule leurs habitudes. Patrice se plaint qu'elle exagère : écolo ou pas, Martina n'a qu'à s'adapter, non ?

Immanquablement, la venue de Martina provoque les mêmes effets. Il y a d'abord cette sorte de fébrilité domestique. Puis, l'héroïne installée dans leur foyer tel un coucou dans un nid de moineaux, ce sentiment diffus de culpabilité. Rapidement suivi de l'impression d'être une minorité en danger d'assimilation. Bien qu'amoureuse de son Welche de père, des Welches et de la welchitude, Martina reste suisse alémanique dans l'âme. Une étrangère du dedans, une cousine germaine d'autant plus désarmante que rien ne la différencie en apparence, hormis un soupçon d'accent rocailleux.

La conscience écologique n'ayant pas de faciès et son absence n'étant pas un délit, comment distinguer ceux qui en ont une de ceux qui n'en ont pas ? C'est pourtant cette conscience-là qui divise le pays et consolide les murs de röstis de nos frontières intérieures. Car le Suisse alémanique, élevé sous la mère comme tout un chacun, s'avère génétiquement plus concerné par les problèmes environnementaux. « *Mater alemanica semper ecologica* », affirme le vieil adage romain. Cet état de fait ne date pas d'hier, le retard est difficile à combler. Patrice et Michèle s'y essaient du mieux qu'ils peuvent.

Le jour avant l'arrivée de Martina, Michèle commence par la cuisine et l'armoire à détergents. Revue générale des produits, vérification scrupuleuse de leurs composants. Ne subsisteront que les contenants et contenus biodégradables, le détartrant WC au vinaigre, le nettoyant universel au citron et leurs sobres sachets de recharge. La lessive de Marseille, ses flocons de récupération râpés à la main, dans son carton régénéré et le savon noir en sa fiasque de verre recyclé. Le tri terminé, les contrevenants enfermés à clé, la panoplie de la propreté écologique est ostensiblement répartie aux endroits stratégiques.

Le lave-vaisselle est briqué miroir et ses paniers garnis de quelques bouteilles de vin pas dommage, une astuce pour accréditer l'idée qu'on ne se sert jamais ici de cet appareil au bilan énergétique si déplorable. Dans la salle de bains, Michèle traque le colorant, le conservateur et le CFC à la loupe, débusque dans le plus innocent des cosmétiques l'atroce expérimentation animale qui (davantage que l'abattage rituel ou l'élevage en batterie) fait honte à l'humanité. Martina étant poly-allergique aux poly-pollutions, son matelas est aspiré, désinfecté de ses acariens, enveloppé de coton brut non blanchi. Sa penderie est aérée, et sa chambre récurée du sol au plafond à l'huile de coude maison.

En fin d'après-midi, éreintée, Michèle s'attaque à la planification des menus avec Patrice. Martina est végétarienne tendance quinoa. Eliminés, le saumon aux antibiotiques et la crevette à l'eau de Javel. Le bœuf ? Inutile d'y songer.

Même en peinture, Martina le vomirait. Patrice se rebiffe, cramponné à son entrecôte aux morilles, consent finalement à inscrire le steak de tofu (aux algues) sur son calepin personnel, soupire devant l'ampleur de sa mission, la liste des courses le condamnant à la visite de fournisseurs répartis aux quatre coins de la cité. Il sait déjà que le café Pyjama et le thé Biomambara l'exposeront aux sourires équitables et néanmoins commerciaux des Magasins du Monde. L'huile de colza pressée à froid et le lait de soja ajouteront à la facture salée de la marmette du *Reformhaus*. Et la ronde des parkings couverts à la ruine définitive.

– Tu ne vas pas me dire que tu prends la voiture pour aller en ville, papa ? Avec le bus à ta porte !

Martina a l'art de glisser ce genre de remarques le samedi au petit déjeuner, en prélude à la dispute scientifique subséquente que l'experte universitaire remporte facilement sur son géniteur ignare. Pauvre Patrice, contesté, critiqué, ballotté de conférence en protocole, mené en bateau de Rio à Kyoto, le bonnet d'âne enfoncé bas sur le front.

C'est ainsi que, douchés par les statistiques alarmantes, écrasés sous les prévisions climatiques échauffantes, le père et la fille passeront de bouderies en embellies, Michèle se contentant de compter les points et de nourrir la maisonnée à intervalles réguliers.

BAGDAD SALON

A chaque conflit c'est pareil, Antoine et Cléo s'opposent, se mesurent puis se brouillent la durée des combats. Que la guerre ait lieu ici ou là-bas, qu'elle soit avalisée ou non par l'ONU, aucune importance, le résultat est là, Cléo n'a plus de plaisir à vivre. Elle s'estime trahie dans son amour du monde, des hommes en général et du sien en particulier.

Alors elle quitte Antoine à sa manière, sans jamais partir, se replie, se recroqueville dans sa coquille. Elle continue de fonctionner, se rend à son bureau, assume les tâches du ménage, veille sur le bien-être de leurs deux grandes filles. Et le dimanche elle se promène avec lui dans la campagne. Comme avant la guerre, quand ils étaient alliés, une époque miraculeuse qu'elle imagine définitivement révolue.

Dès qu'une trêve s'annonce sur les écrans, Cléo concède un cessez-le-feu unilatéral et Antoine rapplique illico du front. Permissionnaire fringant, il balance son uniforme aux orties, se précipite sur sa femme avec appétit. Cléo apprécie mais n'est pas dupe. Assez sage en l'occurrence pour se contenter d'un consensus provisoire, elle collectionne les échappatoires tant elle appréhende le retour de ce malaise entre elle et lui. Hélas, un beau jour, imparables, les hostilités reprennent. Antoine renfile son battle-dress, rejoint son unité dans les sables du désert ou les montagnes balkaniques. Et Cléo se retrouve seule à lutter contre leur syndrome domestique, une maladie récurrente qui porte de fort jolis noms (Sarajevo, Kaboul, Grozny, Bagdad) et dont elle a appris avec le temps à repérer les signes avant-coureurs.

Ça commence par une Crise Internationale, un foyer qu'on croyait éteint et qui se rallume quelque part. Antoine, d'ordinaire si critique à l'égard des médias, change brusquement son fusil d'épaule. Allume la radio en permanence, valsant entre dix stations et vingt débats contradictoires, dévore la presse écrite afin de « comparer les divers traitements des événements ». Lui qui dénonce les infos truquées de la télévision, le voilà scotché au poste à longueur de soirées. Fatalement la Crise s'amplifie et se propage. Chez Cléo et Antoine les repas s'animent, les discussions s'enveniment. Les filles posent des tas de questions, Antoine ne se sent plus de joie. Sa fibre pédagogique réactivée, il étale des cartes sur les assiettes, explique le contexte géopolitique des régions impliquées, s'attarde sur les processus de décolonisation, récapitule les partages et remembrements consécutifs aux déflagrations précédentes.

Cléo écoute poliment. La leçon terminée elle décrète que de toute façon, justifiable ou pas, une guerre est toujours une défaite de la pensée. Antoine ricane. La sensiblerie de sa femme est incompatible avec une analyse raisonnable des enjeux. Lui, Antoine, n'est pas victime de son affect, il voit les choses clairement. La guerre est certes atroce, la guerre est assurément sale mais elle est parfois indispensable. A ces mots Cléo vire au rouge homard. Elle se lève, jette sa serviette dans la soupière et sort de la pièce en claironnant que ces beaux discours ne l'empêcheront pas d'aller manifester. Avec des gens de cœur qui eux au moins la soutiendront. Antoine l'accuse derechef de conformisme, vilipende son pacifisme bêlant. Les filles volent au secours de leur mère pendant que dans l'Univers la Crise enfle et se prépare à exploser.

Alors c'est la Guerre. L'authentique, la Lilith aveugle, faucheuse de jeunesse et d'espoir. Vissé à sa télé Antoine se gave du spectacle. La bouche ouverte, la main droite crispée sur la zapette, il s'identifie au *marine* que la propagande filme collé serré, du ras du casque au pataugas.

Imitant leur père les filles ont succombé aux nouveaux attraits de la menteuse lucarne. Elles qui ont presque l'âge des soldats, elles ont subi le choc et l'effroi de plein fouet. Les images cadrées in vivo ont mêlé leur tendre chair à la chair vive des combats : corps déchiquetés, civils mutilés à genoux dans les viscères de leurs maisons éventrées. Visions des prisonniers humiliés, des colonnes de réfugiés fuyant leur village, individus niés, embourbés dans le cours d'une Histoire qui supprime les anonymes sur son passage.

Aujourd'hui, aux fenêtres des filles de Cléo flotte un drapeau arc-en-ciel. Elles ont accompagné leur mère aux manifs depuis le début du mouvement. La mobilisation faiblit ? Elles n'en n'ont cure. Désormais certaines que la désolation qui a foncé sur les gens de là-bas les concerne ici et maintenant, elles sont résolues à ne pas baisser pavillon devant l'indifférence. Antoine les attend en s'ennuyant devant sa télé. Le soufflé retombé, il s'est vite lassé des péripéties de la stratégie. Sur ses porte-avions les chasseurs bombardiers se reposent en ronflant. Et s'il lui arrive encore de se féliciter de la fiabilité de ses missiles de croisière, c'est juste pour le souvenir.

Lorsque ses trois femmes rentrent, il est tard. Leurs yeux brillent, elles ont les pommettes roses, elles sont affamées. L'appartement s'illumine, la cuisine revit. L'air se charge d'effluves. Omelette au beurre, tomates au basilic, elles s'installent pour manger et c'est la paix revenue. Antoine est heureux. Elles racontent, il les taquine, elles persistent et signent, il rit de leur indéfectible candeur. Le tyran est déboulonné, place à la reconstruction, place à l'avenir. La guerre a été courte, elle est finie, bon sang ! Cléo et ses filles récitent que, même courte, une guerre est toujours trop longue. Un bref instant attendri, Antoine se surprend à être d'accord avec elles.

ŒUFS DE PÂQUES

Sous l'arc fleuri des forsythias, mes deux grands-mères. Les photos cornées de mon album révèlent leurs silhouettes forcies de quinquagénaires. Enfant, je les trouvais antiques. C'était dans l'ordre des choses, cet ordre qui me semble aujourd'hui si cruel. Car dans leur regard de papier le temps n'a pas sévi, je suis toujours leur petite-fille, l'écolière désinvolte qui ne vivait que pour les congés.

Avant Pâques le vent soufflait le chaud et le froid, la pluie succédait au brouillard et le brouillard aux tatouillards. Puis, par une aube claire de la mi-mars, la maîtresse d'école, transfigurée, annonçait la naissance imminente du printemps. On aurait juré que cette brave vieille fille allait en accoucher en personne. Dans notre classe, au-dessus des armoires à fournitures, un tableau noir courait le long d'un des murs latéraux. Nos dessins saisonniers y alternaient les paysages riants avec les étoiles de givre et les théories de luges dévalant les reliefs neigeux. Lorsque sous nos éponges détrempées l'ardoise se remettait à briller, on devait la laisser sécher la matinée entière. L'après-midi on nous y envoyait travailler à tour de rôle.

Mademoiselle Perrin posait en chef d'orchestre et dirigeait sa Symphonie des Couleurs. Dans le crissement des craies jaillissaient jonquilles et narcisses, à la parade sur un tapis vert pomme. Les lapins fauves et les poussins citron ajoutaient la touche pascale indispensable. Le fond de l'œuvre ainsi meublé, la maîtresse grimpait sur un tabouret pour ébaucher la boule du soleil. Je me souviens parfaitement de ce soleil orangé, bardé de rayons inégaux, veillant sur nous de la rentrée d'avril aux prémices de l'automne.

Hélas, ce calendrier idéal était en avance sur la réalité. Aux champs gras du Seeland, aux plates-bandes de la ville et des quais, il y avait des nuits où pousses et pétales gelaient par milliers. Nous les gamines nous ne pensions qu'à nous libérer de nos habits d'hiver, mais nos génitrices sévissaient au moindre relâchement vestimentaire. Alors, douceur printanière ou pas, on transpirait dans nos chandails à torsades et nos collants de laine vierge.

Venait, en guise de bouquet final, le jour des livrets scolaires. J'ai conservé les miens. La maîtresse avait utilisé sa plus belle ronde pour chiffrer mes efforts. Sur les 872 heures de classe de ma première année, j'en ai manqué 77. « Avec excuses ». Mes notes sont excellentes. Elles ne résisteront pas au changement de sexe et de méthode de l'enseignant de troisième, un sadique à l'ancienne, armé d'une règle de métal, un régent qui n'a pas disparu de mes cauchemars.

Les bulletins distribués, les vacances de Pâques commençaient pour de bon. Dans mon souvenir les températures montaient d'un coup, on révisait nos trottinettes, on huilait nos patins à roulettes. Même les bicyclettes des papas reprenaient du service. Le lac se ranimait, gargouillant ses odeurs d'algues et de vase. On collectionnait les galets à ricochets, on lançait des bâtons aux chiens fous. Sur la berge on disséquait les poissons morts échoués de l'hiver.

Dans les parcs publics les mères bavardaient, s'attardant sur les bancs, surveillant les bacs à sable, pendant que dans les landaus à la capote repliée, les bébés jasaient à la vie, la bouche en bulles et les yeux éblouis.

Et puis, brutalement, c'étaient les nettoyages de printemps. Les mères devenaient irascibles, affairées de l'aurore au couchant. Quoiqu'on fasse, on était « au chemin ». Vexés, on se réfugiait dehors. Les rues du quartier étaient pleines de gosses chassés de leurs foyers. On s'invitait les uns les autres, on jouait aux statues sur les pelouses ou au cochon pendu sur les barres des étendages à tapis. On se bagarrait ferme dans les cours d'immeubles. Jeux de balle, de mains et de vilains. On apprenait l'amour, la haine, les alliances inévitables, la confiance donnée et trompée.

Une fois le logement récuré, on teignait les œufs, on les décorait de décalcomanies. Les mères supervisaient l'opération, la taille cerclée d'une de ces étranges armures de plastique, tabliers à la mode de ces folles années domestiques. Nos coquilles ouvragées descendaient ensuite au frais, à la cave, où elles rejoignaient le gigot d'agneau épicé, les dents-de-lion et les pommes de terre nouvelles. Et les quelques bouteilles expressément choisies pour le grand-père, amateur de bordeaux.

Le matin de Pâques, réveillées de bonne heure, nous les fillettes inaugurions la jupe plissée et le pull à manches courtes. Nos chaussettes de coton avaient des trou-trous et nos souliers des brides laquées. Les mères étaient fébriles, elles embaumaient l'ail et la viande rôtie. Les pères emmenaient la marmaille à la gare chercher les grands-parents qui voyageaient en train. Le hall central était bondé de messieurs rasés de frais, de dames chargées de tulipes et de boîtes de satin. A la maison le repas débutait par la bataille des œufs tapés, suivie des radis à la croque au sel. Au dessert on ouvrait les fenêtres à cause de la fumée. Les hommes parlaient fort, les femmes bourdonnaient en rond.

Sur la photo de mon album, la famille est au jardin. Mon grand-père sourit sous son chapeau mou, les grands-mères ont déboutonné leurs manteaux. Ma mère est agenouillée auprès de mon petit frère coiffé d'une casquette. L'air triomphal, il tient son panier à bout de bras devant lui.

Un cliché plus loin, on peut nous admirer, ma sœur et moi, glorieuses dans nos cabans neufs. Complices, nous avions repéré (et gardé pour nous) les meilleures friandises cachées dans les buissons. Tout en aidant ostensiblement notre cadet à dénicher celles qui ne nous intéressaient pas. Bien sûr, les vieux n'y avaient vu que du feu.

SEULE

Jeudi de l'Ascension. Jules est parti très tôt. Un tournoi d'échecs en Suisse alémanique, un de plus à son programme d'amateur. Elle s'est levée pour lui souhaiter bon voyage. Ils se sont embrassés rapidement, presque furtivement.
– Dors encore un moment, je t'appelle dès mon arrivée, a-t-il promis.
La porte de l'ascenseur s'est refermée en grinçant. Jules, son sourire lumineux coupé par la moitié. En un tour de clef elle s'est retrouvée chez elle. Seule dans l'appartement ensommeillé, stores baissés sur un silence de caveau. Se réapproprier les choses, privatiser les objets communs. Ceux que Jules vient d'utiliser composent une nature morte sous les projecteurs du plafonnier. Sur la nappe bleue, il y a la tasse chinoise et ses cernes de café, l'assiette rougie de confiture, le couteau de guingois, la serviette froissée, le pot de yoghourt inentamé. Jules a décampé si vite, Jules était si joyeux.
Elle ne s'est pas recouchée, elle a hissé les stores sur sa campagne en bordure de ville. L'aube avait des lueurs violines. Elle a préparé du thé, grillé le pain, râpé une pomme dans son séré, débarrassé la vaisselle sale, secoué les miettes sur le balcon. Puis elle a effacé Jules en lui volant sa chaise, elle s'est assise toute droite sur son fantôme. Un plaisir de rapine qu'elle avait désappris. Les yeux clos elle laisse remonter les meilleurs souvenirs de sa vie de célibataire. Flotter à nouveau sans repères, amarres larguées, moteur arrêté, tenir en capitaine la barre de son temps, oh luxe, oh volupté !
Son repas achevé, elle parcourt le journal de la veille. Les

nouvelles sont alarmantes, le G8 aura bien lieu près de chez elle. Dans moins de huit heures, aux confins de son pays, les frontières se hérisseront de soldats. Le Léman s'enflammera de révoltes factices, récupérées de celles des vrais damnés de la terre. Dans sa cité barricadée, les murs auront des oreilles et les carrefours des yeux. Les cortèges bariolés bénéficieront d'un service d'ordre, les manifestants auront leurs bureaux de défense. Altermondialistes en Nike dernier cri, casseurs en rangers et cagoule, policiers chaussés d'acier, on agira de part et d'autre selon une distribution solidement établie. Seattle, Gênes, Davos, Evian, même combat. Lié par la logique médiatique, on reverra donc une fois de plus ce couple pervers, sans cesse encouragé à consommer son union sous le regard des badauds et des caméras pornographes.

Elle a plié son journal en quatre, l'a rangé sur la pile sans état d'âme. Les slogans lui paraissent toujours plus vides, les répliques rabâchées, les discours à droite et à gauche d'une hypocrisie pendable. Désenchantement, désabusement, gare à toi ma fille, tu es sur la mauvaise pente. Une crise de misanthropie ? N'est pas Cioran qui veut. Tant pis. Ce qui compte aujourd'hui, c'est qu'elle a mis son propre rôle en vacances. Envolée, la fidèle compagne de Jules. Ne demeure que cette femme libre, cette amie généreuse qui le recueille sporadiquement lorsqu'il est dans le besoin. Elle vivra quatre jours de souveraineté absolue. Elle trônera dans sa bulle de cristal, sourde et aveugle aux misères de ses sujets, perchée dans son quartier sécurisé, à l'abri des événements. Un monstre d'égoïsme.

Bientôt trois heures que Jules s'en est allé. L'immeuble semble avoir suivi son exemple. L'impression est trompeuse, elle le sait, le gros bâtiment ne dort que d'un œil. Puisse-t-il retarder longtemps son réveil. Elle marche sur des œufs, zigzague à pieds nus sur le sol frais, procédant à de menus rangements. La sonnerie du téléphone la sort de sa torpeur. Qui ose troubler ainsi sa quiétude ?

Jules est déjà à son hôtel. La chambre est passable, le lit trop mou. Mais la liaison Internet fonctionne, il pourra se brancher sur ses sites échiquéens entre deux joutes. Son premier adversaire a dix-huit ans et deux cents points Elo de plus que lui. Funeste pressentiment de défaite annoncée.

– Et toi, ma chérie, pas trop seule ?
– Sans toi, je me sens perdue, mon amour.

Elle se douche, s'habille, se maquille avec un soin particulier. Une reine soigne sa mise, qu'elle soit en représentation ou non. Coiffée de son diadème elle décide de s'atteler à la tâche. Las, son ordinateur plante. Il se plaint d'avoir été quitté de vilaine façon. Elle se fâche, lui répète que décidément, elle ne le comprendra jamais. Mais est-il nécessaire, dites-moi, de comprendre ses valets ? Après deux essais l'idiot technique se soumet enfin. Quelques paiements par *e-banking*, une revue de presse électronique, quelques messages, un baiser spécial au Joueur d'échecs, et baste !

Place au rêve, à l'affabulation. Un conte, un début de roman, une saga, une épopée ? Elle déménage, investit le bureau de Jules avec papier et stylo. Elle ouvre la fenêtre sur les arbres sifflants d'oiseaux. Le ciel est blanc, salé d'écume comme la mer, le petit bois sur la colline embaume le champignon et la fleur de sureau. L'herbe est haute à faucher, au loin les génisses se sont regroupées sous un pin parasol. Il va faire chaud partout.

Inspiration, seriez-vous là, ondulant sur le champ de blé vert, courant sur l'horizon tremblé ?

À L'AMIE DISPARUE

Les amis sont éternels, c'est là leur nature. Plus on vieillit, plus ils vont de soi : qu'ils habitent à des milliers de kilomètres ou à un pâté de maisons, nous les portons en nous en permanence. Ils nous sont si légers qu'on se surprend parfois à les oublier. Pas grave, les amis sont patients, ils ne s'imposent d'aucune façon. Confiants, ils attendent leur heure.

Lorsque nous tardons trop cependant, et qu'ils se manifestent les premiers, on réalise une fois de plus qu'ils se soucient de nous mieux que nous. Qu'ils sont les seuls à nous accepter tels que nous sommes, imparfaits, égocentriques, légers, voire menteurs quand la situation l'exige. Alors on se rend à leur évidence, on se confond en excuses, on implore leur clémence. Ils nous pardonnent toujours et ne nous culpabilisent jamais. Nos amis ne sont pas nos parents.

Nos parents eux, sont mortels, c'est là leur nature. Plus on vieillit, plus il va de soi qu'ils finiront par nous abandonner. Les amis, eux, n'en ont pas le droit. Nous les voulons aussi éternels que nous. Jusqu'à notre dernier souffle nous les sommons de nous accompagner, ils nous sont indispensables, sans eux nous serions incomplets, ils possèdent toutes les qualités qui nous manquent.

Leur mémoire infaillible, par exemple. Ils se rappellent la date de notre anniversaire, les circonstances exactes de nos diverses rencontres, le contenu des discussions qui s'y sont déroulées. Ils nous corrigent quand nous nous trompons de randonnée ou confondons les invitations. Ils retiennent avant nous le nom d'un nouvel amant, nous retrouvent le prénom de l'ancien en deux temps trois mouvements.

Témoins privilégiés de notre parcours ils nous devinent, ils nous voient venir. Ils sont plus clairvoyants que nous, quoi qu'on fasse, on ne la leur fait pas. Eux seuls auraient assez de recul pour écrire notre histoire. A nous le mythe, l'autofiction, à eux notre biographie.

Généreux, ils ont le sens inné du partage. S'amusent-ils ou voyagent-ils en solitaires qu'ils nous associent mentalement à leurs loisirs et nous informent de leurs pérégrinations. Gravissant une montagne, allongés sur la plage, ils pensent encore à nous et nous le font savoir. Ils nous « essèmessent » d'un chalet d'alpage, nous « mèlent » des confins de la Colombie, ou à défaut nous envoient avec beaucoup de retard et d'affection leur cœur peint en rouge sur des couchers de soleil de cartes postales.

Ils nous invitent à les entourer à chaque étape heureuse de leur existence, mariages, remariages, naissances et renaissances. Mais nous cachent par pudeur leurs tristesses et leurs deuils. Car eux également perdent père et mère, pleurent un bébé mort-né ou un frère suicidé. N'empêche. Que le malheur nous frappe, nous, les voilà qui négligent les leurs et volent à notre secours, prêts à endosser la douleur à notre place. On refuse, on repousse leur visite sous n'importe quel prétexte. On couve une grippe, on se sent épuisé, on a besoin de solitude. On leur fera signe dès qu'on ira mieux, sûr et certain, à la rentrée, d'accord, promis juré.

Les vacances d'été, c'est la croix et la bannière de l'amitié. En parfaits nomades du vingt-et-unième siècle nos intimes s'égaillent tous azimuts, sautent d'un hémisphère à l'autre, n'ont plus d'adresse ni de domicile fixe. On n'ose à peine déranger ceux qui se reposent au bercail ou qui se sont mis au vert près de chez nous. Juillet nous paraît interminable, août traîne les pieds. On ronge son frein, on se rassure, on se dit qu'on a mille ans pour se revoir et pour s'aimer. Puisque les amis, par nature, sont éternels. Et puis un beau jour, un jour de ciel aveugle et de champs brûlés, le destin nous les fauche d'un coup. Gratuitement, impitoyablement.

Ils avaient passé deux semaines en Vendée, avec leurs enfants et petits enfants. Ils rentraient en Suisse en voiture. Le restant de la famille prolongeait son séjour, et devait les rejoindre par après. Malgré la canicule ils s'étaient arrêtés souvent pour découvrir une église, photographier un pont historique. Ils adoraient ces virées culturelles sans horaire précis, en liberté. Ils avaient le temps pour eux désormais, des lustres et des lustres de futur devant eux, lui venait de prendre sa retraite. Il était trois heures et quelque de l'après-midi près de Niort en France. Elle était au volant et conduisait prudemment comme à son habitude. Assis à sa droite, il lisait la brochure touristique qu'il venait d'acheter.

Le poids lourd n'a pu les éviter. A-t-elle eu un malaise, s'est-elle assoupie un quart de seconde ? Personne ne répondra plus à cette question. Sur la route nationale le camionneur a vu l'auto roulant en face dévier soudain de sa trajectoire, piquer sur lui, il a bien tenté de braquer mais ça n'a pas suffi.

Je veux croire qu'elle est morte sans souffrir. A ses côtés, miraculé, hébété, son mari ne s'est rendu compte de rien. Aujourd'hui il est vivant. Amputé de leurs quarante ans d'amour et de vie commune, de soucis et de joies mêlés. Privé d'elle et de sa chaleur sur cette terre glacée, veuf de leur avenir rêvé, il affronte les souvenirs les armes à la main.

Mon amie est morte. Elle n'en avait pas le droit. Grande sœur idéale, soutien constant lors de mes essais d'écriture, confidente de mes désarrois, elle a rompu le contrat. Elle m'avait pourtant téléphoné la bonne nouvelle une semaine avant son départ : à l'automne elle déménageait à Lausanne. Nous serions à nouveau réunies par la géographie. Cinéma, théâtre, lectures échangées, promenades, nous nous réjouissions follement de ces projets bientôt concrétisés. Non, elle n'avait pas le droit.

MATHUSALEM

Vous ne remarquez rien ? Vraiment rien ? Allons, encore un effort, au prix qu'il m'a coûté ce serait un comble que vous ne sentiez pas la différence ! Trois ans que j'économise pour me l'offrir. Vous le faites exprès, vous êtes jaloux, peut-être ?

Il y aurait de quoi. Cette légèreté, la plasticité des touches, l'ergonomie du clavier, mes trois ports USB, mon processeur anti-chauffe, mon graveur DVD, ma carte graphique... Et mon écran seize-dix, vous ne me ferez pas croire que ces billions de pixels ne vous impressionnent pas. A côté, le home cinéma des voisins c'est le cuirassé Potemkine revu par les frères Lumière.

Toujours rien ? En somme, c'est un peu ma faute, je reconnais volontiers qu'en matière d'informatique je ne vous avais pas gâtés. Mes exigences étaient dérisoires. Ce qui m'importait, c'était que mon PC soit fiable et qu'il m'obéisse au doigt et à l'œil.

Mathusalem possédait ces deux qualités-là, d'accord. Mais aucune autre. Or pour un ordinateur, actuellement, deux qualités c'est maigre, que dis-je c'est famélique et presque étique. A tel point que ces derniers temps, Mathusalem, j'en avais honte. Quand je recevais des invités, je le cachais. Une *burqa* de plastique sur la tête, une nappe fleurie par-dessus et le tour était joué, on aurait juré une vieille télévision en attente de liquidation.

Samedi passé, à dix-sept heures précises, animée d'une froide détermination, j'ai condamné Mathusalem à la peine capitale. Je l'ai estourbi avant de le dépiauter avec une précision chirurgicale. J'ai réparti ses restes dans les cartons d'origine puis je l'ai descendu au cachot. Pas le moindre regret ni le plus petit remords. Son successeur branché, Mathusalem, je l'ai instantanément oublié.

Vous me trouvez inhumaine, esclave de la mode et du jeunisme ambiant ? Vous auriez fait pareil. Mathusalem, vous l'auriez vu tout au long de ces quatre années, deux mois et trois semaines (la facture faisant foi), je vous fiche mon billet que vous auriez boycotté mes chroniques. Antédiluvien. Et d'une laideur ! Un moniteur gris militaire de fort cubage, inamovible sans un cric de camion, une soufflerie digne de Crey-Malville, une image instable à flanquer la migraine à un guillotiné. Et je ne vous parle pas de sa « taouère » qui monopolisait la quasi-totalité de mon espace infra-tabulaire et m'obligeait à travailler les genoux serrés, les mollets coincés sous ma chaise. Quant à son modem soi-disant indépendant, il se cassait la figure dès qu'on actionnait l'imprimante. Non, objectivement, je ne comprends pas comment j'ai supporté cette horreur...

– Ecoutez-moi cette ingrate ! O Femme qui tant varie, ô Consommatrice Inconstante, rappelle-toi nos glorieux débuts, nom d'une RAM en bois ! Honnêtement, tu n'oseras pas nier que nous nous sommes aimés passionnément. Tu étais folle de moi, parfaitement. Tu me réveillais en pleine nuit, tu me caressais pendant des heures, les yeux noyés d'admiration. Je n'étais pas un Apollon, j'étais plutôt encombrant, soit, mais j'étais solide et fidèle. Combien de fois t'ai-je tiré d'un mauvais pas ? Ça, tu te gardes bien de le raconter.

Il y a un an, lorsque tu as commencé à aller voir ailleurs, je ne t'ai pas lâchée. J'aurais pu me venger, je ne l'ai pas fait. Et pourtant tu m'abandonnais des journées entières. Tu m'as d'abord trompé avec un Allemand épais et lourd, un *laptop* de l'antépénultième génération que tu empruntais à Jules « pour les vacances ». Tu t'es entichée de ce vilain Germain sous le prétexte qu'il en avait une plus grosse. De mémoire. Evidemment quarante gigas de disque dur, ça peut plaire dans les préliminaires. Mais c'est sur la durée qu'on juge un assistant personnel, voilà ce que je te répétais. En vain.

A l'automne 2003, tu t'es mise à courir les magasins spécialisés. Ecumant les centres commerciaux, hantant les discounters de banlieue, tu n'hésitais pas à mélanger les genres. N'importe quel PC aurait fait l'affaire pourvu qu'il fût mieux doté que moi. Plus tard, marotte alarmante, tu as développé une fixation sur les écrans à cristaux liquides. Tu m'en as même proposé un à la place du mien. Tu n'as pas insisté car l'Aplati était beaucoup trop cher. Tu auras été très loin dans la vilenie puisque tu as failli changer d'Univers. A la réflexion, de te sentir tomber raide dingue d'un Mac, c'est ce qui m'aura été le plus pénible. Heureusement votre idylle n'a pas résisté à la raison pure. Ton fils est venu à mon secours. Informaticien de terrain, il t'a menacée : « Si tu rejoins la Secte des Pommes je ne te garantis plus le service après-vente ».

Alors tu m'es revenue quelques semaines. Tu devais rendre un important dossier. La main dans la main, on a trimé jusqu'à l'épuisement. Au bout du rouleau, j'ai souffert le martyre. Pour me remercier tu as piqué une fameuse colère, j'ai subi les insultes les plus basses. Tu m'as traité d'inadapté congénital, d'idiot du Village Global. J'ai essayé de me défendre. Tes ultimes accusations d'Impotence devant la Toile ont signé mon arrêt de mort.

Le Nouveau ? Quand je l'ai vu arriver samedi après-midi, j'ai pensé à une blague. Imaginez une sorte de galette de carnaval, chromée, fermée comme une huître. Ni clavier, ni modem apparents. Un gringalet, un nabot, un pauvre infirme. « C'est un portable, imbécile ! Et sache pour ta gouverne que ce nain est mille fois plus puissant que toi ! »

Seul à la cave, je reprends des forces. Disloqué mais pas déprimé, confiant. Les miniatures, c'est terriblement délicat, ça vous attrape tous les virus qui passent. Et en ce moment, les virus...

TABLE DES MATIÈRES

Avant-propos	7
Malley-sur-mer	11
La table du téléphone	15
Edouard, la Suze et moi	18
Prendre la peuglise	21
Noël aux marmottes	25
Chère Nahid	28
Urgences	34
Mon salon de l'auto	38
Le filleul de guerre	41
Le match à la radio	45
Pétunia	48
Emménager	51
Lecture publique	54
La vieillesse, un exil	57
Un si beau spécimen	60
Mycologie	64
Ni fleurs ni couronnes	67
Heimweh	71
Les tribus électives	75
Réquiem romontois	79
Le jardin des Loosli	82
Juin qui revient	86
Le paradoxe de la roselière	89

Madame Tissot et les ordinateurs	92
Le pion de la dame, ou ma vie avec Kasparov	95
Le cadeau	99
Voeux de papier	103
Vous habitez toujours chez vos enfants ?	106
Vive la mariée	109
La véranda	113
Borderline	116
Terre d'Orient	119
Journal d'une mère I	123
Journal d'une mère II	127
Femmes dans une salle d'attente	131
Un bouddha dans la maison	134
Vous qui passez sans me voir	137
Déjà déjeuné	140
Lettre à mon fils	143
Alors ces vacances ?	147
Le baiser de Judas Ben Hur	151
Quitter son jardin	154
Complainte de la boîte à bébé	158
Sans enfants	161
Thalasso bobo	164
Temps mort	167
Label vert	170
Bagdad salon	173
Oeufs de Pâques	176
Seule	179
A l'amie disparue	182
Mathusalem	185

Ce livre a été achevé d'imprimer le 15 novembre 2004
par les Presses Centrales SA, à Lausanne,
pour le compte
des Editions de l'Aire SA, à Vevey (Suisse)

Imprimé en Suisse